모든 순간이
나였다

# 모든 순간이
# 나였다

최혜만 외 36명
지음

오해와 이해로 빚어낸 36가지 성장 이야기

**흔들리는 20대, '나'로 살아갈 용기가 필요한 당신에게**

"우리는 오해와 이해의 순간을 지나며
조금씩 자신을 만들어 갑니다"

바른북스

## 여는 말

　우리는 살아가면서 얼마나 많은 오해와 이해의 순간을 마주하게 되는 걸까? 우연을 운명으로 착각하기도 하고, 모처럼 찾아온 운명적 기회를 그냥 지나치기도 한다. 스스로를 꽤 괜찮은 사람이라 생각하다가도 어느 순간엔 형편없는 사람으로 여기기도 한다. 진심이 오해로 뒤바뀌어 상처를 주고받기도 하며, 오해 끝에 드디어 무언가를 깨달았다는 더 큰 오해 속으로 빠져들기도 한다.

　그러나 이 모든 오해가 있었기에 이해가 찾아오는 것일 테고, 이해한 뒤에야 비로소 오해가 있었음을 알게 되는 것 아닐까? 앞으로 생겨날 오해들 중 일부는 오해였음이 드러날 것이고, 나머지는 영영 풀리지 않은 채 삶에 영향을 미칠 것이다. 진실이 무엇인지는 알 수 없지만, 중요한 것은 우리가 오해와 이해의 순간을 겪으며 계속해서 성장해 왔다는 사실이다. 오해가 풀리는 순간, 혹은 오해가 더 깊어지는 순간조차도 우리는 그 경험을 통해 스스로를 더 알아가게 된다. 그 모든 순간이 결국 나 자신을 이루는 조각들이었음을 받아들일 때, 마침내 진정한 나 자신을 마주할 수 있게 된다.

이 책은 가천대학교에서 심리학을 전공하는 대학생들이 경험한 오해와 이해의 순간들을 담은 이야기다. 어떤 이들은 꿈을 향한 도전 속에서 자신을 오해했고, 또 어떤 이들은 다른 사람을 오해하거나 누군가에게 오해받기도 했다. 이 책에서 나누는 사소한 오해와 크고 작은 실수 이야기 속에는 삶의 여정에서 부딪히고 깨지며 자신만의 답을 찾아가고 있는 이 시대 청년들의 삶의 의지와 지혜가 담겨 있다. 오해의 순간들을 내가 모르는 누군가에게 읽히는 글로 표현한다는 것은 자신의 부족함을 인정할 줄 아는 여유와 용기를 가졌다는 말과 같다. 기꺼이 자신들의 이야기를 꺼내놓은 서른여섯 명의 저자들 덕분에, 이 책을 읽는 우리는 '어떻게 하면 나의 경험을 오롯이 내 삶의 일부로 받아들일 수 있을지' 진지하게 고민해 볼 기회를 얻었다.

책 속 이야기를 따라가다 보면, 당신은 자신과 닮은 누군가의 이야기를 발견하거나 아직 풀리지 않은 오해 속에서 헤매는 자신을 마주할 수도 있다. 어떤 경우든 괜찮다. 오해와 이해의 순간들을 통해 우리는 조금씩 더 나아지고 있으니까. 끝내 "그 모든 순간이 결국 나였다"고 미소 지을 수 있는 날이 오기를 바란다.

오해와 이해를 엮어,
최혜만 드림

# 목차

**여는 말**

### PART 1
### 사실 나는 관종이었다

- 10　사실 나는 관종이었다　장다원
- 15　완벽하지 않은 나에게　공다영
- 20　5점짜리 시험지　김다은
- 26　MBTI가 말해주지 않은 나의 이야기　박신영
- 31　살아남기 위해 의미를 찾아야 했다　손설
- 39　나를 찾는 여정　윤서영
- 45　나를 가두는 건 나였다　오채연
- 50　나만의 맛을 찾아서　신미선
- 54　배움은 기쁜 것이니 어찌 원망하겠는가　정혜원

### PART 2
### 그 속에 담긴 진심

- 64　그 속에 담긴 진심　남유나
- 69　사탕을 싫어한다던 그 아이도 사실은　김채언
- 75　오해와 태도로 친해지기　남혁신
- 82　첫인상 공포증　오다영
- 87　독립 만세　고나현
- 95　쌍둥이입니다만 다릅니다　김은희
- 100　시험이 뭐길래　김미진
- 104　당신도 혹시 '쎄믈리에'?　오채림
- 107　나는 예스맨입니다　김혜수
- 112　첫 만남은 너무 어려워　전효주

## PART 3

### 성숙함은 언제나 미숙함에서 싹튼다

- 120 　성숙함은 언제나 미숙함에서 싹튼다　왕승준
- 125 　포장된 나에게서 벗어나기　송승리
- 131 　하늘에서 잰 키는 나폴레옹이 제일 크다　이채우
- 136 　말해서 좋을 건 있다　이승수
- 141 　느려도 괜찮아　성보경
- 147 　게으른 완벽주의자 사칭주의　이지현
- 151 　겨울에는 털 실내화를 조심하자　박소연
- 158 　오해가 생겨도 풀 수만 있으면 오 예!　손수아
- 163 　실패할 용기　정원진
- 169 　발자국　이준현

## PART 4

### 사소한 불행이 행복이 되기까지

- 176 　사소한 불행이 행복이 되기까지　정재희
- 181 　경수난시대, 그 안에서 나를 마주하다　김경수
- 187 　프렌치토스트가 내게 가르쳐 준 것　김승은
- 193 　이건 예고편에 불과해　이연수
- 198 　비엔나가 싫어서 울어본 적 있어?　이채현
- 204 　습관을 바꾸게 된 계기　이현주
- 211 　춥지만 따뜻한 크리스마스　김정윤

# DISCOVERY

사실 나는 관종이었다 _ 장다원

완벽하지 않은 나에게 _ 공다영

5점짜리 시험지 _ 김다은

MBTI가 말해주지 않은 나의 이야기 _ 박신영

살아남기 위해 의미를 찾아야 했다 _ 손설

나를 찾는 여정 _ 윤서영

나를 가두는 건 나였다 _ 오채연

나만의 맛을 찾아서 _ 신미선

배움은 기쁜 것이니 어찌 원망하겠는가 _ 정혜원

PART 1

# 사실 나는 관종이었다

# 사실
# 나는 관종이었다

◇ 장다원

나는 4살 때부터 무용을 시작했다. 무용수가 되기 위해 예술중학교 입시를 준비했고 그 과정에서 많은 사람들을 만나게 되었다. "넌 참 차분하고 얌전하구나?" 만나는 사람들마다 나에게 했던 말이다. 12살의 나는 차분하고 얌전하다는 말을 있는 그대로 받아들여 별생각이 없었다. 1년이 지나 13살이 된 나는 '혹시 차분하고 얌전하다는 것은 소심하다는 건가?'라는 생각이 들기 시작했다. 하나의 의문점이 나도 모르는 사이에 꼬리표가 되었고 '소심한 인간'이라는 감옥에 갇혀버렸다. 왜 갑자기 그런 생각을 하게 된 건지 지금 와서 생각해 봐도 모르겠다. 그냥 성장기의 발달 과정 중 하나 아닐까 싶다.

이미 나를 장악해 버린 감옥에서 벗어날 수 없었던 나는 발표를 하거나 면접을 볼 때 스스로가 세상에서 가장 작은 사람이라 느껴졌다. 나만 바라보고 있는 사람들의 눈빛이 부담스러웠고, 이는 압박감으로 다가와 나를 힘들게 했다. 또한 상대방이 이러한 나의 소심한 마음을 다 알아버릴까 봐 두려웠다. 물론 많은 시간이 흐른 지금 22살의 나는 소심함 감옥에서 벗어나 내가 관종이라고 생각하는 지경까지 와버렸다. 이렇게 생각이 바뀌게 된 원인은 '면접'이다. 여러 입시를 준비했던 소심한 나에게는 '면접'이라는 단어 자체가 두려웠다. 오죽했으면 면접 없는 전형들로만 대학을 지원했을까! 과거의 나는 정말 소심의 끝판왕이었다.

면접을 요리조리 피해 대학에 들어왔으나 절망스럽게도 수많은 면접들이 나를 기다리고 있었다. 동아리 면접, 학생회 면접, 더 나아가 회사 취업 시 필요한 면접까지……. 20살 때는 미래의 면접들이 부담스러워서 면접 없는 대학 생활로 도망쳤었다. 21살이 되고 나니 앞으로는 면접을 피할 수 없으며 어차피 넘어야 할 산이라고 느껴졌다. 아마도 대학 내에서 취업 면접 준비 관련 공고를 많이 접해서 이처럼 느꼈던 것 같다. 나는 이 산을 넘기 위해서는 소심함에서 벗어나야 한다는 생각을 하게 되었다.

그렇지만 이미 오랜 시간 동안 굳어버린 나에 대한 나의 편견이 쉽게 바뀔 리가 없었다. 나는 노력이라도 해야 소심함을 1%라도 덜어낼 수 있지 않을까 싶어 가장 활기차게 학교생활을 했던 17살의 나를 떠올려 보았다.

17살의 겨울방학을 앞둔 나는 1학년 장기자랑을 준비 중이었다. 친구들과 함께 춤을 추기로 결정하여 누가 어디에 서서 춤을 출지 정하는 시간이었다. 내가 잠깐 자리를 비운 사이에 맨 앞 중앙 자리는 내가 맡는 것으로 결정이 나버린 상황이었다. 나는 순간적으로 놀라기도 하고 당황스럽기도 해서 머뭇거리며 열심히 해보겠다고 했지만 속마음은 달랐다. '내가 센터라니! 제일 눈에 띄는 자리니까 열심히 해야지'

17살의 나의 속마음을 되새겨 보니 조금 관종 같아 보인다. 그러나 17살의 나로는 소심함을 없애기엔 부족한 것 같다. 몇 살의 나를 돌아봐야 할까? 무용했을 때 나를 다시 떠올려 보아야겠다.

10살의 나는 무용학원의 공연을 위해 작품 하나를 연습했었다. 동화를 바탕으로 한 작품이었기에 선생님들께서 미리 배역을 정해 놓으신 상태였다. 배역 발표 날, 주인공은 내가 아닌 다른 언니였

다. '내가 주인공이 아니라고? 왜 아니지? 내가 어려서 밀려난 건가? 내가 뭐가 부족한 거지?'

주인공이라는 배역, 모두가 집중하는 그 자리가 너무 탐나고 밀려났다는 게 자존심이 상해서 주인공 역할의 동작과 표정을 집에 와서 밤마다 몰래 연습했었다. 선생님들께서도 나의 노력을 아셨던 걸까? 운 좋게도 나는 주인공 자리를 빼앗을 수 있었다. 운이 좋다고 표현해도 될지 모르겠지만 원래의 주인공의 연습 부족으로 인해 연습이 잘되어 있는 내가 주인공이 된 것이었다.

사실 지금 22살의 나에게 똑같은 상황이 일어난다면 10살의 나처럼 빼앗을 생각조차 하지 못할 것이다. 그때의 나는 정말 모두의 관심을 받는 주인공이 되고 싶다는 마음 하나만으로 몰래 연습하고 도전했기 때문이다.

10살과 17살 나의 경험들 덕분에 21살의 나는 깨달았다. '10살과 17살의 나는 관종 그 자체였구나!' 나는 소심한 사람이 아니라 누군가에게 주목을 받길 원하는 사람이며 타인의 관심을 바탕으로 나를 드러낼 수 있는 존재라는 것을 알게 된 순간 남이 부여한 소심함이란 틀에서 벗어날 수 있었다. 22살의 나는 여전히 면접이 두렵다. 그래도 면접을 피하지 않을 것이고 계속해서 도전할 것이다. 왜냐하면 사실 나는 관종이기 때문이다.

애플의 창업자인 스티브 잡스는 이렇게 말했다. "타인의 생각에 얽매이지 말아라. 타인의 목소리로 인해 당신의 내면 속 진정한 목소리를 듣지 못해서는 안 된다" 진정한 나 자신은 나만이 알 수 있다. 타인이 나에게 부여한 이미지에 나를 맞출 필요가 없다. 이 글을 읽는 모두가 타인이 아닌 나 스스로가 나에게 맞는 진짜 내 모습을 찾길 바란다.

장다원

틀에 갇힌 내가 아니라
자유로움 속에서의 진정한 나를 찾기 위해 노력하며,
이를 통해 더욱 성숙한 사람으로
성장하고자 하는 평범한 대학생이다.

# 완벽하지 않은 나에게

◇ 공다영

 나는 부족한 사람이다. 항상 그랬다. 어릴 적 체육대회에서 달리기할 때도, 학교에서 친구들과 어울릴 때도, 좀 더 커서 무언가를 배울 때에도. 내 행동은 무언가 늘 어설펐고, 남들의 속도에 맞추지 못했다. 꼼꼼하지 못한 탓에 실수도 잦았다. 시간이 지나면서 나는 다른 사람들에 비해 뒤처지는 내 모습에 회의를 느꼈다. 뭐든지 척척 해내는 똑 부러진 사람이 되길 열망했다. 그래서 듬성듬성 뚫려 있는 내 허점들을 하나둘씩 막아나가기 시작했다.

 어른들이 무언가 물어보기라도 하면 얼굴이 빨갛게 달아오르고 아무 말도 하지 못하던 내 모습이 싫었다. 초등학교 2학년 무렵,

다리가 불편했던 반 친구의 급식을 대신 받으러 간 적이 있었다. 친구의 것을 먼저 받아주고 내 급식을 받으러 다시 나오자, 주변에 있던 선생님 한 분이 오셨다. 다른 반 아이들이 모두 다 급식을 받고 난 다음에 먹으러 와야 한다고 말씀하셨다. 그저 다리가 불편한 친구 대신 급식을 받으러 왔다고 하면 될 일이었지만, 소심했던 나는 아무 말도 하지 못하고 그대로 줄을 서 있었다. 얼굴까지 달아오르니까 선생님은 내가 다른 친구들이 급식을 받기 전 한 번 더 먹으러 왔다고 확신하고 더 혼내셨다. 결국 친구의 급식만 갖다주고 정작 내 점심은 챙기지 못했다. 그날 이후, 말을 제대로 못 하는 나를 바꾸고 싶어 수업 시간에 발표 기회가 있을 때면 무조건 손을 들었다. 소심한 태도를 고치는 건 생각보다 오래 걸렸다. 초중고 내내 발표할 기회가 생기면 무리해서라도 모두 참여했다. 무조건 발표를 맡아 한 것이 습관이 되어서 대학교에 와서도 조별 과제에서 발표를 자처할 때가 많았다. 시간이 흘러 어느덧 다른 사람에게 말을 꽤 명료히 전달할 수 있는 사람이 되어 있었으나, 어느 순간부터는 그마저도 부족해 보였다.

시험을 보면 자꾸만 실수하는 내 모습도 싫었다. 나는 시험지를 풀 때 꼭 한 문제씩 풀지 않고 넘어가거나, 문제를 맞게 풀어놓고 답을 잘못 적는 실수를 자주 했다. 초등학교 때 단원평가를 보고 나오면 친구들에게 "이번에는 정말 잘 봤다", "100점 맞을 수 있을 것 같다"라며 자랑을 하곤 했다. 막상 결과가 나오면 하나같이 안 푼 문제들이 수두룩했다. 말만 거창하게 늘어놓은 허풍쟁이가 되어버린 것 같았다. 문제를 다 풀고 넘어가자고 굳게 다짐하고 아무리 꼼꼼하게 살펴보아도 내 실수는 초등학교 내내, 그리고 중학교 1학년 때까지 반복되었다. 그때의 나는 내 모든 실수와 결함을 감추고 완벽해 보이고 싶었나 보다. 그래서일까, 시간이 지나면서 "시험 잘 봤다"라는 말을 아예 하지 않게 되었다. 가끔 정말 잘 봤다는 느낌이 들 때도 나를 의심했다. 현재는 실수를 하는 습관이 사라졌으나, 여전히 시험을 보고 난 뒤 "나 시험 잘 봤어"라는 말은 하지 않는다.

수험생 시절을 지나면서 살이 잔뜩 쪄버린 내 몸 역시 싫었다. 고등학교에 입학할 무렵까지만 해도 약간 통통했지만 정상 체중이었던 나는, 졸업할 때쯤 15kg이 넘게 쪄 있었다. 수험 생활의 스트레스를 매점에서 간식을 사 먹거나 배달 음식을 시켜 먹는 것으로 풀고, 운동도 거의 하지 않았으니 당연한 결과였다. 당장 몇 달 뒤면 대학교에 입학해야 하는데, 입을 수 있는 옷이 얼마 없어 우울했던 기억이 있다. 매일 몇 시간씩 헬스장에 다니고, 식단일지를 꺼내 하루 동안 입에 들어가는 음식들을 모두 기록해 가면서 겨우 살을 뺐다. 대학교에 다니는 몇 년 동안에도 조금씩 체중을 조절해, 가장 뚱뚱했던 때보다 20kg 가까이 가벼워졌다. 지금은 지극히 정상 체중임에도 불구하고, 거울을 봤을 때 군살이 가장 먼저 눈에 들어온다.

지금껏 나는 부족한 나의 모습이 너무 미웠다. 열심히 노력해 내 모습을 바꾼다면 만족할 수 있으리라고 생각했다. 그렇지 않았다. 나를 보듬어 주는 일은 매번 유예되었다. 그동안의 노력은 몇 줄의 무미건조한 글자로 환원되었다. 적극적으로 발표한다는 생활기록부의 짧은 평가, 시험지에 가끔 적혀 나오는 100이라는 숫자, 앞자리가 두 번 바뀐 체중계 위 몸무게. 눈에 보이는 결과는 별것도 아니었다. 특별할 거 하나 없는, 평범하디 평범한 수치였다. 남들만큼만 해도 좋겠다는 바람은 사라지고, 어중간한 나에게 실망만이 쌓였다. "저기까지만 가면……. 이번에는 진짜 완벽한 모습이 될 거야" 그렇게 또다시 높은 목표가 세워졌다. 초등학생 때부터 시작해 성인이 된 지금까지, 닿지 않는 이상향을 향해 발버둥치는 나를 보고는 어느 순간 깨닫게 되었다. 완벽해진 다음에 나를 사랑하고자 하면 평생 사랑받을 수 없다. 불완전한 나를 받아들이고 인정해 주어야만 했다.

나는 아직도 완벽하지 않다. 그리고 아마 앞으로도 완벽해질 수 없을 것이다. 그러나 그것이 괜찮다는 것을 이제는 조금씩 배워가고 있다. 간혹 나도 모르게 튀어나오는 과거의 단점들과 지금도 풀리지 않는 고민, 그리고 앞으로 나타날 결함들이 두렵다. 하지만 그 불완전함이야말로 앞으로 더 나은 사람이 될 가능성이 있다는 증거라 믿는다. 미래의 나는 지금보다 조금 더 유연해지고, 조금 더 너그러워져 있을 것이다. 먼 미래의 어느 날, 과거의 나를 돌아보며 이렇게 말할 수 있기를 바란다.

"조금 부족해도 괜찮아. 충분히 잘해왔어"

공다영

불완전한 자신을 수용하는 법을
배워가는 중인 사람입니다.
"모난 부분도 결국 나를 완성하는 하나의 조각이었다"

# 5점짜리
# 시험지

◇ 김다은

"넌 외국에 살다 온 적이 있어?"

이 질문을 받을 때면 난 그렇다고 말한다. 한국에서 태어났지만, 부모님의 사정으로 태국에서 7년 정도 살게 됐다. 평범하게 친구들도 사귀고 학교 다니면서 하루하루를 보냈다. 엄마는 시간이 나면 한국에서 태국으로 나를 만나러 왔다. 이날은 특별했다. 엄마는 단지 나를 만나기 위해 오신 것이 아닌 이제는 한국에서 엄마와 함께 같이 살자고 제안하셨다. 그렇게 몇 주의 준비 끝에 나의 한국 생활이 시작되었다. 한국으로 완전히 와서 살기 전에는 여러 번 한국 여행을 한 적이 있지만 막상 일상을 여기서 보내니 발견한 부분들이 있었다. 날씨가 추울수록 사람들이 입는 옷의 색깔은 점점 어두워지고 사람들은 대부분 빠르고 바쁘게 움직인다는 사실이다. 또, 태국에 있을 때 낯선 사람에게 웃고 대화를 해도 어색함이 없지만 여기서는 그게 아닌 것 같았다. 내가 그동안 살아왔던 방식을 부정당한 기분이었다. 외딴섬에 혼자 덩그러니 있는 그 느낌…….

시간이 지나니 이제 학교에 입학해야 했다. 4학년을 마치고 왔지만, 나이는 한국에서 이제 막 4학년에 들어간 나이라 어쩔 수 없이 4학년을 다시 다녔다. 등교 첫날은 기장과 불안의 연속이었다. 반 친구끼리 서로 반기고 인사하는 동안 나는 혼자였다. 이해할 수 없는 말들이 계속 들렸다. 물속에 있는 느낌이었다. 막막하고 답답하고 서로 말로 의사소통을 해도 이해할 수 없는 공간. 다행인 것은 내가 영어로 대화할 수 있었기에 친구들과 의사소통의 문제는 어느 정도 극복할 수 있었다.

문제는 다른 부분이었다. 시험. 모든 글자가 한국어로 되어 있는 시험지로 내가 할 수 있는 것이 없었다. 혹시라도 아는 단어가 나오지 않을까 기대하면서 천천히 읽어봤지만, 그런 단어는 없었다. 그날 난 집에 가서 펑펑 울었다. 낮에 있었던 일이 충격적이고 억울했다. 당연하게도 내 시험 점수는 0점이었다. 태국에 있었을 때 극상위권은 아니었지만, 꽤 공부를 잘했었다. 이런 상황을 겪고 나니 있던 자신감도 없어지고 자존감은 저 바닥 밑에 있었다. 한국에 온 이후의 삶은 암울했다. 하루하루가 스트레스였고 낯설고 힘들었는데, 이날이 결정적이었다.

"난 어떻게 해서든 태국으로 돌아갈 거야!"

울며불며 엄마에게 말했다. '태국으로 돌아가면 모든 것이 괜찮아질 거야. 이렇게까지 힘들게 버텨야 하는 건가?' 가족과 친구들을 남겨두고 다시 0부터 시작하는 상황이 손해 보는 것 같았다. 내 말을 들은 엄마는 당신이 옆에서 도와줄 테니 함께 노력하자고 하셨다.

일주일에 4번 국어 문법과 기초 한글 과외를 받았고 다문화 센터의 다양한 문화 프로그램에 참여하면서 조금씩 한국 문화를 배워 갔다. 엄마는 태국어를 전혀 쓰지 않으셨고 내가 이해하지 못하더라도 한국어로 대화하셨다. 나를 도와주기 위해 어쩔 수 없는 선택이었을 것이다. 스스로 편의점도 가보고 전화로 음식도 주문했다. 몇 주를 이렇게 생활하다 보니 또 다른 시험이 다가왔다. 이번 시험은 분위기가 조금 달랐다. 여전히 문제는 풀리지 않지만, 아는 단어 몇몇이 보였다. 문제를 풀지 못하지만, 아는 단어에 태국어 뜻을 써보고 이해한 대로 답을 적어 냈다. 마침, 시험 결과가 나온 날, 나는 흥분한 상태로 집으로 뛰어갔다. 엄마에게 시험지를 보여주며 말했다.

"엄마! 나 5점이나 받았어!!"

태국에 살고 있는 가족에게도 알려주었다. 모두가 기쁜 날이었다. 그동안 엄마와 가족의 도움 아래 노력한 것이 무의미하지 않았다. 이때부터 나는 노력이 배신하지 않는다는 말을 이해했다. 100점 만점에 5점을 받는 것이 자랑할 일은 아니지만 나에게 이 5점짜리 시험 점수가 너무나도 의미 있는 점수였다. 이 에피소드는 내 인생을 통틀어서 가장 힘들었던 시기이면서도 가장 의미 있는 시기다. 개인의 노력과 인내심, 자존감, 가족의 지지와 격려가 얼마나 중요한 것인지 깨달음을 주었다. 또한 나에게는 이 경험이 원동력이 되어 성장할 수 있었던 특별한 경험이었다.

한국 생활은 2024년으로 12년째이다. 여전히 어색한 일들도 있지만 잘 적응해 나가고 있다. 어렵다는 대학 입학 과정을 극복하고 가장 흥미 있는 심리 분야를 공부하고 있다. 학창 시절 때 언어

장벽 때문에 극복하지 못한 부분을 갖고 공부하고 시험을 봤지만 계속 노력하고 인내했다. 어쩔 수 없는 부분은 수용하고 또 그렇게 열심히 살아가면 되는 것이다. 당시에 너무나도 서럽고 힘들었던 경험이었지만 지금은 웃으면서 얘기할 수 있을 것 같다. 이 경험이 있었기에 지금의 내가 되었다고 말할 수 있다. 그 많은 시간과 노력 그리고 가족의 도움이 합쳐져 핸디캡이 아닌 오히려 이득을 보고 있다. 한국어와 태국어를 자연스럽게 사용할 수 있게 됐고 이걸로 용돈을 조금 벌고 있다. 물론 두 언어가 동시에 들려서 머리 아플 때가 있지만…….

"성실하고 인내하며 솔직하고 발전해라"

한국 생활을 하기 전에도 항상 외할머니가 하셨던 말씀이다. 성인이 되고 나니 외할머니가 왜 이런 말씀을 하셨는지 알 것 같다. 발전하기 위해서 계속 노력하고 기다리는 법도 알아야 한다. 그리고 무엇보다 나에게 솔직해야 한다는 사실을 깨달았다. 앞으로도 많은 어려운 일들이 일어날 것이다. 그 일들을 후회 없이 직면해서 나이 들면 그 에피소드들을 웃으면서 이야기할 수 있게 나는 외할머니께서 가르쳐 주신 대로 살아가기로 했다.

김다은

한 몸에 두 나라의 문화가 공존하는 태국, 한국 혼혈 김다은입니다.
심리학과에 흥미를 갖고 공부하고 있으며 고양이를 매우 좋아하는 집사입니다.

인스타그램 @tilly_tck

# MBTI가 말해주지 않은 나의 이야기

◇ 박신영

사람들은 종종 MBTI를 성격의 정답처럼 여긴다. 나 역시 그랬다. 그런데 정말 성격에 정답이 있을까? MBTI는 융의 이론을 바탕으로 마이어스와 브릭스가 만든 성격유형 검사이다. 에너지 방향인 외향(E)과 내향(I), 인식 기능인 감각(S)과 직관(N), 판단 기능인 사고(T)와 감정(F), 생활양식인 판단(J)과 인식(P)에 따라 사람을 16가지 성격유형으로 나눈다.

아주 오래전, 말하자면 유치원 시절부터 나는 이것을 알고 있었다. 나의 아버지는 MBTI 강사 자격증을 갖고 계셨다. 덕분에 나는 초등학교 때 검사해 봤고 성격유형으로 ENFJ가 나왔다. 아버지는 ENTJ였는데 딸이 자신과 1개만 빼고 다 똑같다는 사실이 기쁘셨던 것 같다. 틈만 나면 "엄마는 ISFP, 오빠는 INFP인데 신영이는 아빠와 75%나 똑같아"라고 말씀하셨다. "신영이는 F라 감정을 많이 써서 논리적인 부분이 약해, 역시 J라서 계획적이야" 등 말을 들으며 자라왔다. 나는 스스로가 어떤 사람인지 생각해 보기도 전에 내 모습에 대한 정답이 주어져 있었다.

코로나19 시기에 MBTI가 유행처럼 번질 때 어깨가 으쓱 올라갔다. '다들 이제야 알다니, 나는 옛날부터 알고 있었는데!'라며 말이다. 나는 성격유형을 바탕으로 "너는 이런 사람이야"라고 친구들을 정의 내렸다. 나와 성격유형이 비슷한 사람과 다른 사람을 나누며 성격 궁합 보는 것이 재밌었다. 반 친구들에게 16가지 성격유형을 소개하기 위해 직접 카드 뉴스를 만들어 교실 벽에 붙여놓기도 했다. 심지어 T인 학생이 F인 학생보다 수학·과학 공부를 더 잘한다고 생각했다. 그래서 학급별 성격유형 설문조사를 실시하고 문과반과 이과반의 사고(T)와 감정(F) 비율을 살펴보기도 했다. 그야말로 나의 온 세상은 MBTI였다.

대학교에 입학해서는 자기소개할 때 자신의 MBTI가 빼놓을 수 없는 키워드가 되었다. 이를 맹신하고 있던 나는 16가지 성격유형으로 사람들을 분류하곤 했다. 동아리에서 주도적으로 분위기를 이끄는 선배를 보며 저 사람은 E일 것으로 생각했지만, 사실은 I였다. 미리 계획하고 열심히 공부하며 성적 잘 받는 동기를 보며 J일 것으로 생각했지만, 알고 보니 P였다. 사람들의 단편적인 모습들을 보고 성격유형을 추론했지만, 빗나가는 경험들은 나에게 적지 않은 충격을 주었다. 'MBTI가 무조건 맞지 않을 수도 있겠구나'라는 생각이 들었다. 나의 세계관에 조금씩 균열이 가고 있었다.

사람들이 나의 성격에 대해 오해하는 경우가 종종 생겼다. 사람 많은 모임에서 조용해지고 가만히 듣기만 하는 나에게 "신영이는 무조건 I겠네"라는 말을 들었다. '나는 E인데 왜 I인 것 같다고 하지?', 'E처럼 활발하게 모임에 참여해야 할 것 같은데' 이렇게 고민하다 보니 나의 외향성 정도는 내가 속한 모임의 특성과 상황에 따라 달라진다는 것을 알게 되었다. 내가 모르는 사람이 많을 때는 나는 낯가리기도 한다. 친한 친구들 앞에서는 나는 수다쟁이가 된다. 누군가 밤하늘을 올려다보며 "저기 봐, 별이 반짝반짝해"라는 감탄사를 내뱉었다. 나는 "저건 별이 아니라 인공위성이야"라고 말했다. 이 대답은 주변 사람들에게 "너 T야?"라는 말을 불러일으키기에 충분했다. 나는 눈물 많고 감성 충만한 F이지만, 정확한 사실을 짚고 넘어가려고 했던 것 역시 나의 성격이다.

Robert Cloniger에 따르면 심리학적으로 인성(Personality)은 2가지로 구분할 수 있다. 기질(Temperament)은 유전적으로 타고난 것으로 비교적 안정적이다. 성격(Character)은 기질을 바탕으로 환경과 상호작용 속에서 형성되고 인생을 살아가면서 바뀔 수 있다. 이 개념을 배울 때 교수님께서 함께 언급하신 라인홀드 니버의 「기도문」이 기억에 남는다.

> "신이시여, 내가 바꿀 수 없는 것들을 받아들일 수 있는 평온을, 바꿀 수 있는 것들을 변화시킬 수 있는 용기를, 그리고 그 둘을 구별할 수 있는 지혜를 주소서"

이 기도문을 들었을 때 나는 문득 MBTI를 맹신했던 내 모습을 떠올렸다. 기질처럼 바꿀 수 없는 부분이 있지만 성격은 환경과 경험 속에서 변화할 수 있다. 나는 바꿀 수 없는 것과 바꿀 수 있는 것을 혼동하며 그동안 'ENFJ'라는 정답에 나를 끼워 맞추려 했다. 하지만 이제는 조금씩 알 것 같다. 나는 때로 사람들 속에서 에너지를 얻기도 하고, 또 어떤 날엔 조용히 물러나기도 한다. 어떤 순간에는 이성적이고, 또 어떤 순간에는 감정에 깊이 젖는다. 나는 더 이상 MBTI라는 틀 속에 나를 가두지 않기로 했다. 16가지 유형이 아닌 단 하나뿐인 '나'로 살아가고 싶다. 그리고 이제는 있는 그대로의 나를 받아들이려 한다.

_____ 박신영

케이팝부터 클래식, 웹소설부터 철학책까지.
취향은 넓고 얕지만
심리학만큼은 좁고 깊게 파고들고 싶은 사람.

# 살아남기 위해
# 의미를 찾아야 했다

◇ 손설

**혼자만의 세계에 갇히다**

"4차원이야, 쟤"
"너는 너만의 세계가 있는 것 같아"

당신은 이런 말을 들으면 어떻게 반응하겠는가? 다른 사람은 몰라도 학창 시절의 나는 속으로 '그 말을 기다렸다!'고 생각하며 겉으로 삐져나오는 웃음을 참으려 노력했을 것이다. 친구들이 날 이렇게 평가하게 된 계기를 묻는다면, 솔직히 잘 모르겠다. 실제로 내가 그런 사람이었을까? 아니면 그저 본인과 달라 보이는 타인에게 흘러가는 말로 언급했던 별 뜻 없는 말이었을까? 사실 아무래도 상관없었다. 나를 표현할 수 있는 증거가 된 남들의 말이, 어느 순간부터 칭찬으로 들렸기 때문이다. 다른 사람과 차별화된 내 모습에 집착할수록 자신만의 세계로 빠져들기 시작했고 결국 나는 이 세상에서 제일 별나고 이해받을 수 없는 별종이 되어버렸다.

'나는 너희들과 다른 고차원적인 생각을 할 수 있어. 너희들이 내 생각을 이해할 수 있을까? 함부로 알면 다칠걸?' 손발이 오그라들어서 기억 저편에 묻어두고 싶지만, 그 당시의 나는 이와 같은 생각을 하며 살았다. 인기 많은 아이돌을 좋아하는 친구들을 비웃었고, 현장 체험학습을 가도 친구들과 어울리기보다는 무리에서 떨어져 건방진 표정을 지으며 주소했다. (이 밖에도 많지만 부끄러워서 여기까지 하겠다) 인정하겠다. 그 유명한 중2병이 나에게도 있었다. 지금 생각해 보면, 다른 사람들과는 다른 자신만의 특별함을 가지려 부단히 노력했던 애처로운 나날들이었다.

## 나의 특별함은 어디로

중2병에서 벗어나게 되는 과정은 각자 다를 것이라고 생각한다. 맥 빠지지만 본인 같은 경우에는 극적인 계기가 있는 건 아니었다. 본인은 고등학생 때 공동생활로 인해 힘든 기숙사 생활을 견디고, 다시는 기숙사에 들어가지 않겠다고 결심한 통학생이었다. 아침 수업을 듣기 위해 왕복 4시간이 걸리는 혼잡한 전철을 타면, 각양각색의 사람들이 객실 안을 가득 메우고 사라지는 광경을 볼 수밖에 없었다. 좁은 객실에 몰린 인파가 징그럽게 느껴질 정도로 얼마나 붐비던지. 여기저기서 들리는 곡소리를 배경 삼아 핸드폰을 들여다보며 2시간을 버티면, 먹은 밥이 소화되어 수업 시간에는 항상 배가 고팠다. 매번 진이 빠지는 일과였지만, 그때만큼은 내가 얼마나 큰 공동체에 속해 있는 보잘것없는 사람인지를 뼈저리게 알 수 있었다. 물론 그뿐이랴. 나와 비슷한 경험담을 가진 사람들은 또 얼마나 많던가. 재능 있는 사람의 결과물을 보면 열등감이 올라오면서 내가 가진 모든 것들이 초라하게 느껴졌다. 원하든 원치 않든 끊임없는 타인과의 비교로 나의 보잘것없음을 계속해서 발견할 수밖에 없는 힘든 과정이었다.

## 호기심이 이끈 전환점

내게 특별함은 인생을 중요하게 만들어 주는 요소였다. 평범해지는 건 무의미한 존재가 되는 것과 다름없었다. 무의미한 기분을 느낀 채로 세상을 살아가고 싶지 않아 본인만의 세계로 도피해 보고 싶은 것만 보면서 살고 싶었다. 그러나 내가 지닌 평범함을 깨달은 이후, 모든 일이 한순간에 허망해졌고, 허무라는 감정이 피어나 내면을 잠식하기 시작했다. 세상이 의미 없는 일로 가득한 것처럼 느껴졌기에, 노력하고 싶은 마음조차 들지 않았다. 결국 전공하고 있는 과에 흥미를 잃고 심적으로 지쳐 1년을 휴학했고, 인생의 암흑기를 보냈다. 그 당시 나를 살고 싶게 만든 유일한 원동력은 호기심이었다. 제일 궁금했던 건 같은 상황을 접해도 사람마다 다른 방식으로 받아들인다는 점이었다. 어떤 사람은 별 볼 일 없는 상황이어도 그 당시의 경험을 소중히 여기고 의미 있는 순간으로 간직하며 내일을 기대한다. 무언가에 빠져 열심히 살아가는 사람들의 에너지가 값져 보였고 그런 사람이 될 수 있기를 내심 희망했던 것 같다. 어떻게 해야 삶을 생동감 있게 살아갈 수 있는 걸까? 그 답을 찾아가다 보니 자연스럽게 심리학에 이끌렸는지도 모르겠다.

심리치료 수업에서 처음 실존주의에 대한 개념을 접하게 된 것이 인생을 다시 생각해 볼 수 있는 전환점이 되었다. 실존주의자들은 인생이 본래 무의미하기 때문에 스스로 삶의 의미를 창조할 수 있다고 말한다. 자유를 강조하는 사상이지만, 동시에 부조리한 세상을 있는 그대로 받아들이고 거짓된 희망을 거부하는 가혹한 철학이기도 하다. 실존주의의 모든 사상을 완전히 이해하거나 받아들인 것은 아니지만, '삶이 무의미하다'는 생각만큼은 나를 차분하게 만들었다. 인정하고 싶지 않았던 사실을 그제야 비로소 받아들인 기분이랄까. 아이러니하지 않은가? 인생의 무의미함을 깨달아야만 삶의 의미를 찾을 수 있다는 사실이. 처음엔 쓸쓸하게 느껴졌지만, 그들만의 차가운 위안이 오히려 나에게는 가장 적합한 위로였다.

### 새로운 의미를 찾아서

그제야 나는 과거의 일들을 하나씩 되짚어볼 여유를 가질 수 있었다. 제일 친했던 친구와 멀어졌던 일, 살아갈 의욕을 잃고 방에서 칩거했던 날들, 가족 여행에서 심하게 싸운 뒤 3주간 냉전 상태였던 일, 하기 싫었던 발표 과제를 회피하고 후회했던 날들……. 기억에서 지우고 싶은 경험들이지만, 현재의 내가 언제든지 의미를 재창조할 수 있다는 사실을 발견할 수 있었다. 친구와 멀어진 당시에는 비참한 기분만 들었으나, 그 일로 인해 인간관계에서 적당한 거리감을 배울 수 있었던 것과 같이 말이다. 아마 이와 같은 경험이 없었다면, 지금처럼 친구들과 적당한 온도의 관계를 유지하기 어려웠을 것이다. 그렇게 잊고 싶은 경험을 떠올리며 과거의 일들에 의미를 재부여하니, 힘들었던 순간들조차 나를 성장시킨 소중한 계기로 변모하기 시작했다.

원영적 사고라고 들어본 적 있는가? "완전 럭키비키잖아!"라는 말에는 부정적인 상황에서도 행운을 찾는 긍정적인 사고방식이 담겨 있다. 예를 들어, 오래 기다린 끝에 앞사람이 내가 먹고 싶은 빵을 모두 사버리면, 새로 나온 빵을 받을 기회라고 긍정적으로 생각해 보는 것이다. 삶의 무의미함은 애초에 정해진 게 없기 때문에, 이처럼 의미를 새롭게 창조할 수 있는 유연성이 있다. 자신에게 유리한 방식으로 삶을 해석해 보는 과정을 통해 사람은 언제든지 다시 태어날 수 있다고 생각한다.

### 방향키는 결국 나에게로

살다 보면 인생이 무의미하게 느껴지는 순간이 찾아온다. 나에게도 그런 순간들이 주기적으로 찾아오는 편이다. 예전의 나였다면 해야 할 일들을 미루고 침대에 누워 우울감에 허덕이며 하루를 보냈을 것이다. 솔직히 말해, 지금도 그렇지 않다면 거짓말이다. 그래도 이전과 달라진 점은, 적어도 무의미하다고 느껴지는 감정을 있는 그대로의 사실로 받아들이지는 않는다. 무의미하다고 느껴지는 감정이 언젠가는 의미 있는 감정으로 변할지 누가 알겠는가? 단지 그 순간만큼은 힘들어하는 나를 알아차리고 나만의 방식으로 달래가며 자신을 보듬어 줄 뿐이다.

누가 뭐라 해도, 당신만의 소중한 순간을 깎아내리거나 없었던 일로 만들지 않았으면 좋겠다. 혹시라도 당신의 경험을 무시하는 사람이 있다면 휘둘릴 필요 없다고, 마음 상해하지 않아도 된다고 옆에서 위로해 주고 싶다. 그게 무엇이든 간에 당신만의 주관이 담긴 의미 있는 순간들로 즐겁게 삶을 꾸려 나가면 된다. 만일 그렇게 살지 못했다고 해도 마음 편히 먹어도 좋다. 과거의 경험들은 언제든지 당신의 의지대로 바뀔 여지를 갖고 살아 숨 쉬고 있으니까.

손 설

세상의 아름다운 면을 포착하고 가슴속에 품고 사는 탐미주의자입니다.
우리가 몸담은 세계를 탐구하며 때로는 관망하고,
때로는 직접 체험하기도 합니다.
얻은 깨달음을 다른 사람들과 나누며 선한 영향력을 발휘하고 싶지만,
아직 방식이 어설픈 소심한 인간입니다.

# 나를
# 찾는 여정

◇ 윤서영

어릴 적 다들 이런 경험이 있었을 거다. 어른들의 관심을 받기 위해 춤추기. 라면이 매운데도 불구하고 안 매운 척하기. 배가 터질 것 같이 불렀지만 칭찬받기 위해 식기를 혀로 핥아본 경험. 내가 제일 잘난 듯 온 가족이 모인 명절에 노래 부르기. 두발자전거를 마스터했다고 외치며 넘어졌던 경험 말이다. 나는 대략 초등학생 때가 떠올랐다. 맛있는 회, 대게, 산낙지, 그리고 할머니의 반찬으로 상다리가 부러질 만큼 음식이 차려져 있었다. 그중 내가 회를 집어 먹었을 때 작은 아버지께서 "우리 조카 회도 잘 먹는구나, 먹을 줄 아네!"라고 말씀하셨다. 그러자 모든 가족들이 덩달아 칭찬을 해주셨던 기억이 난다. 그 당시, 칭찬을 들은 나는 마치 물고

기가 물을 만난 것처럼 회가 국수인 양 흡입했다. 마치 세상에서 회가 최고로 맛있는 음식인 것처럼 말이다. 초고추장에도 찍어 먹어보고 간장에도 찍어 먹어보았다. 그러다가 더욱 욕심을 부려 어른들을 따라 고추냉이까지 먹게 되었다. 그러자 어른들의 눈은 반짝반짝 번쩍였다. 마치 무슨 이런 애가 있냐는 눈빛이었다.

사실 여기서 반전이 있다. 어릴 적의 나는 회를 그다지 좋아하지 않았다. 그저 어른들의 반응이 재미있어서, 내가 관심의 대상이 되는 것 같아 즐거웠던 것뿐이다. 나의 마음은 계속해서 어른들의 주목을 받으려는 마음으로 가득 차 있었다. 회를 잘 먹었던 그날 이후로 입맛이 까다로운 또래 사촌들 사이에서 나의 존재는 빛이 났다. 이러한 나의 잘 먹는 모습에 행복해하시는 어른들의 표정이 마냥 좋았다.

이러한 나의 유년기 시절 성향은 성인이 되어서도 나타났다. 나는 가천대학교 심리학과에 편입하기 전, 승무원을 꿈꾸는 한 대학생이었다. 2년간의 학업을 마친 후 취업시장에 뛰어들어 면접을 보러 다니느라 바빴던 와중, 내가 간절했던 한 항공사의 면접 날이었다. 그동안 간절히 바라왔던 나의 꿈을 이루기 위해 몇 달 동안 성실히 작성한 답변 노트를 들고 면접장으로 향했다. 그러나 대기실에 들어가자마자 너무나도 예쁘고 마른 지원자들, 그리고 모두가 비슷하게 화장한 모습을 보고 순간 나도 모를 불편함을 느꼈다. 그 불편함은 면접장의 문이 열리고 면접이 진행되는 동안 지속되었다. 웃고 싶지 않은데 미소를 짓고 있는 나를 보며 내가 아닌 다른 인격체가 내 몸 안에 들어온 것 같았다. 순간적으로 '내가 왜 여기 있는 거지?'라는 생각이 들면서 두근거리던 심장도 멈추었다. 2년 동안 내가 간절히 원하던 꿈을 펼칠 때인데 오히려 불꽃이 꺼져버리고 만 것이다. 이러한 생각을 면접을 보는 내내 했으니 당연하게도 탈락을 했다. 사실 면접장을 나오면서도 결과를 예상했고 딱히 아쉬움도 없었다. 집으로 돌아오는 길에 곰곰이 생각을 해보았다. 돌이켜 보면 승무원은 내가 1순위로 원하던 직업이 아니었다. 학창 시절부터 키가 크다는 이유로 주변 지인들로부터 승무원이 잘 어울릴 것 같다는 말을 자주 들었다. 무엇보다도 빨리 취업해서 부모님께 세계여행을 하게 해드리는 효녀가 되고 싶었다. 이러한 상황과 기대로 인해 나는 나 스스로를 속이고 있었다. 사실 나는 어릴 적부터 큰 꿈도 없었고 특출나게 잘하는 것도 없었다. 그렇기에 나에 대한 확신이 없어 나만의 기준보다 타인의 기준에 따르는 게 더욱 익숙했다. 하지만 저 간절한 줄만 알았던 항공사 면접이 나에게 큰 깨달음을 준 것이다.

'어찌하여 나는 이러한 사건을 맞이하기 전까지 나의 꿈에 대해 별다른 의문점을 갖지 못했을까? 아니면 내심 알고 있었음에도 회피하려고 한 것일까?' 생각하기 두려웠던 결정적인 이유는 따로 있었다. 이 학과를 졸업한 이상 다른 길이 없었다. 선택지가 없었던 것이다. 벼랑 끝에 내몰리니 현실을 깨닫고 나의 꿈이 타인에게 맞춰 있다는 것을 인지했다. 바로 인지부조화를 경험하고 있었던 것이다. Festinger에 의하면 태도와 행동이 일치하지 않을 때, 행동에 맞추어 태도를 변화시킴으로써 긴장을 감소시킨다는 이론을 인지부조화라 한다. 지인들의 기대에 부응해야 한다는 생각과 '이게 과연 내가 원하는 길일까?'에 대한 불일치가 나도 모르게 나의 태도를 변경시킨 것이다. 다시 말해, 나의 불편함을 해소시키기 위해 승무원이 되는 것도 괜찮은 선택이라며 스스로를 위로해 온 것이다.

타인에게 의존함으로 안정을 찾았던 모습을 마주하게 되니 민망한 감정이 가득 찼다. 몇 달의 고민 끝에 '내가 계속해서 이렇게 살 수는 없지!'라는 소리가 내 마음 안에 울려 퍼졌다. 그러자 타인의 말을 귀 기울여 듣는 것만큼 나에 대해서도 알아야겠다는 감정이 강하게 밀려왔다. 스스로를 더욱 안아주어야겠다는 생각이 들었다. 그리하여 시작한 것이 하루 동안 있었던 일이나 감정 남기기,

어떠할 때 행복하고 슬픈지 알아차리기와 같이 사소한 습관을 변화시켰다.

물론 순탄하게 진행되진 않았지만 나 자신을 끊임없이 들여다보는 것을 멈추지 않았다. 결론적으로 이 과정에서 답을 찾을 수 있었다. 멈추어 있던 것만 같았던 심장이 다시 뛰기 시작했다. 심리학을 통해 누구보다도 스스로 잘 아는 사람이 되고 싶었다. 돌아보면 생각보다 나 자신을 잘 알고 있다는 것도 이 과정에서 배울 수 있었다. 더 깊이 생각해 보지 않고 들여다보지 않았을 뿐.

자신만의 길을 홀로 개척해 나아가는 게 두려운 누군가에게 위로가 되어주고 싶다. 의존하며 살아왔던 것을 한순간에 놓아버리는 것이 쉽지 않다는 것을 안다. 하지만 자립의 길은 결코 외롭지 않다. 어쩌면 외로움은 그 길을 두려워하게 만드는 감정일 뿐이다. 자신을 찾는 여정은 그 자체로 성장의 기회이며, 우리 모두는 그 여정에서 누구보다 중요한 존재가 된다. 그러니 자신에 대한 사소한 질문부터 시작해 보았으면 좋겠다. 자기 전 10분, 혹은 지하철을 타고 이동하는 그 짧은 순간에도 좋다. "내가 사소한 행복을 느낄 때는?", "내가 두 번째로 좋아하는 음식은?" 유치한 질문이겠지만 대답해 보길 바란다. 이러한 대답이 쌓이고 쌓이면 자신의 소중한 순간에 있어 보물이 되어줄 거다.

 윤서영

길가에 핀 꽃과 강아지를 사랑하며
사소한 순간에서도 행복을 찾으려 하는 한 대학생입니다.

# 나를 가두는 건
# 나였다

◇ 오채연

나는 초등학교 때부터 학교 테니스 선수로 활동했었다. 어릴 적부터 운동을 좋아했던 나는, 테니스를 칠 때만큼은 어떤 걱정도 다 사라지는 것 같았다. 긴 시간은 아니었지만, 테니스의 매력에 푹 빠졌었다. 그러나 중학교에 올라가 테니스보다 나에게 더 재미있는 것들을 경험하게 되면서 자연스럽게 테니스와 멀어지게 되었다. 시간이 지나며 고등학생이 된 나는 테니스가 다시 그리웠다. 그러나 입시를 준비하는 대한민국 학생이 테니스를 치러 다닌다는 것은 사실상 불가능했다. 대학교에 가게 되면 테니스 동아리에 꼭 들어가겠다는 목표를 가지고 대학교에 입학하여 꿈에 그리던 동아리 활동을 하게 되었다.

지나간 시간의 문제였을까? 오랜 시간 치지 않았던 테니스 실력을 단기간에 올릴 수 있다고 생각한 나는 어리석었다. 처음으로 동아리 선배들과 다 같이 테니스를 치러 간 날에 나는 그만 테니스장에서 야구를 하고 말았다. 공을 코트 면에 넣지 못하고 하늘로 '뻥!' 하고 날려버린 것이다. 순간 너무나도 부끄러웠다. 초등학교 때 테니스 선수였다고 말했던 나의 입을 막고 싶어진 순간이었다. 이후 꾸준히 테니스를 친 결과 어느 정도 실력은 돌아왔지만, 이때 느낀 나의 감정은 정말 잊을 수 없다.

'테니스 선수 출신'이라는 꼬리표는 어느 곳을 가나 나와 함께했다. 테니스를 치러 가면, "테니스 선출인데, 이 정도는 하겠지"라는 말을 자주 들었다. 그만큼 시간이 지날수록 나의 부담감은 증가했다. '테니스 선수 출신'이라고 하면 실수도 적고 멋있게 서브도 넣는 모습을 상상할 수 있겠지만, 모든 테니스 선수 출신이 그런 것은 아닐 것이다. 그래서 테니스 선수 출신이라는 꼬리표가 부담스러웠는지도 모른다.

어느 순간부터 나는 테니스를 치러 가면 게임에 집중하지 못했다. 테니스를 칠 때마다 '난 선수 출신인데, 오늘 내가 잘 못 쳐서 이 경기를 망쳐버리면 어떡하지?', '사람들이 실망하면 어떡하지?'

라는 생각이 먼저 들었다. 즐기기 위해서 간 테니스 경기를 타인의 시선을 의식하느라 즐기지 못하는 나 자신을 발견한 것이다. 무의식적으로 떠오르는 이 생각들이 게임에 집중하지 못하게 만들었고, 실수를 할 때면 나를 더 위축되게 만들었다. 심리적으로 위축이 될수록, 더 테니스를 잘 치고 싶다는 생각과 테니스를 잠시 쉬고 싶다는 생각이 공존하였다. 테니스에 대한 내 마음에 권태기가 온 것이다.

테니스에 대한 열정을 다시 찾고 싶어 동호회에 들어갔다. 처음 동호회에 들어갔을 때, 나는 내가 선수 출신인 것을 말하지 않고 들어갔다. '선수 출신'이란 부담감에서 조금이나마 벗어나고 싶었던 것 같다. 동호회 분들과 경기를 한 날, 어떤 동호인 분께서 "선수처럼 스윙도 좋고 잘 치시네요. 깜짝 놀랐어요"라고 말해주셨다. 시간이 좀 지나고 사실 어릴 적 학교 선수로 활동했던 적이 있다고 말씀드리자, 놀라셨던 표정이 기억에 남는다. 동호회에서 선수 출신이라는 것을 말하고 난 이후부터, 이상하게도 나의 실력은 점점 퇴보해 갔다. 부담감을 이겨낸 줄 알았는데, 게임을 할 때 무의식적으로 '선수 출신인데 이 정도도 못하면 안 된다'라는 생각이 떠오르게 되면 자꾸만 스윙은 작아지고 실수가 생겼다. 내가 이렇게 실수를 연발하는 데도 불구하고 오히려 동호회 분들께서는 괜찮다고 응원을 해주셨다. 한 동호인 분께서는 항상 나에게 내 공의 힘이 너무 강해서 자신이 받기 힘들다고, 살살 경기를 진행하라고 유머를 한 스푼 섞어 말씀해 주신다. 객관적으로 주변 사람들에게 나의 실력에 대해 들어보았을 때, 평소 나의 테니스 실력은 내가 생각하는 만큼 못 치는 것이 아니었다. 다른 사람들이 나를 보고, 나처럼 테니스를 치고 싶다고 말하기도 한다.

    테니스를 칠 때마다 드는 무의식적인 생각을 해결하지 못하면, 나의 테니스 실력은 그대로 정체될 것이라는 생각이 강하게 들었다. 무의식적인 생각은 거부할수록 더 머릿속에 자주 나타났다. '누구나 실수할 수 있어, 다음에 잘하면 되지'라고 무의식적인 생각을 받아들이게 될 때 나의 마음속은 편안해졌다. 무의식적으로 부정적인 생각이 들 때면, 난 그 생각을 재구성해 보기로 하였다. 내가 테니스를 치면서 제일 많이 드는 생각은 '이걸 넘기지 못하면 사람들이 나를 어떻게 볼까?', '나에 대해 실망하지 않을까?'였다. 이런 생각이 들 때, 정말 사람들이 나에 대해 실망하는지에 대해 생각해 보았다. 그렇지 않았다. 오히려 사람들은 나를 응원해 주었다. 생각과 현실이 같지 않다는 것을 깨닫게 된 것이다. 이후 나는 나의 무의식적인 사고의 변화를 통해, '선수 출신'에 대한 부담감을 해소할 수 있었으며 자연스럽게 테니스 권태기도 해결되었다.

앞으로 세상을 살아가며 무의식적으로 나를 가둬두는 또 다른 생각들이 끊임없이 생길지도 모른다. 그러나 나는 이제 그 생각 속에 나를 가둬두지 않을 것이다. 생각은 내가 만들어가는 것이다. 내가 어떻게 그 상황을 바라보느냐에 따라 나의 생각 또한 달라질 것이며, 내 마음가짐도 달라질 것이다.

이 글을 읽는 독자에게 말하고 싶다. "스스로가 위축되고 불안하다는 생각이 든 적이 있는가?" 만약 스스로를 가둬두는 부정적이고 무의식적인 생각이 존재한다면, 그 울타리에서 벗어나 자신의 삶을 당당하게 펼쳐나가길 희망한다.

### 오채연

'나'는 누구일까?
나는 선선한 바람이 부는 날에, 잔디밭에 돗자리를 깔고 책을 읽는 것을 좋아한다. 햇빛이 쨍쨍 내리는 여름엔 땀이 소금이 될 때까지 테니스를 치며 열정을 충전하고 사랑하는 사람들과 함께 보내는 시간들을 소중하게 생각한다. 어둑어둑한 밤에는 하늘에 떠 있는 별들을 보며 신비로움을 느끼고, 밝은 낮에 보이는 몽글몽글한 구름을 보며 마음속으로 행복감을 느낀다. '나'를 알아가기 위한 이 여정은 아직 진행 중이다.

# 나만의 맛을 찾아서

◇ 신미선

초등학교 시절, 방과 후에 친구들과 자주 분식집에 갔었어. 학교 앞 골목마다 분식집이 있었고, 그곳은 우리만의 아지트 같았지. 친구들은 떡볶이를 정말 좋아했어. 매운맛에 즐거워하며 한 입 먹을 때마다 "진짜 맛있다!"라고 말하던 모습이 지금도 생생해. 그런데 나는 매운 음식을 잘 못 먹었어. 몇 입 먹으면 입안이 얼얼해져서 물을 벌컥벌컥 마셨지. 음식을 먹으러 갔다기보다는 물을 마시러 갔다고 해도 과언이 아니었어. 그럼에도 불구하고 친구들과 함께하는 시간이 좋아서 나도 자연스럽게 '나는 떡볶이를 좋아한다'라고 믿게 되었어.

그러던 어느 날, 문득 이런 생각이 들었어. '내가 정말 떡볶이를 좋아하는 걸까?'

스스로를 돌아보니 이상한 점이 있었어. 집에 떡볶이가 있어도 별로 손이 가지 않았고, 스스로 사 먹으려고 한 적도 없었어. 그 순간 내가 좋아하는 걸 기준으로 살고 있지 않고, 단지 친구들이 좋아하는 걸 그대로 따라가고 있다는 생각이 들었어. 그제야 깨달았어. 내가 떡볶이를 좋아한다고 믿었던 건 친구들 분위기에 휩쓸린 결과였던 거야.

이런 내 모습을 보니 심리학에서 말하는 '동조'라는 개념이 떠올랐어. 주변 사람들이 모두 떡볶이를 좋아하니까 나도 그 분위기에 이끌려, 떡볶이를 좋아한다고 믿었던 거였지. 어린 시절에는 나 자신을 돌아볼 기회가 많지 않았고, 타인의 영향을 받는 일이 자연스럽게 느껴졌어. 하지만 이런 깨달음을 통해 내가 진짜 원하는 것이 무엇인지 스스로 묻게 되었어.

답을 찾는 건 생각보다 쉽지 않았어. 그저 친구들과 함께 시간을 보내는 게 좋았기에, 음식이 중요한 게 아니라고 여겼어. 그러다 어느 날 떠오른 기억 하나가 있었지. 떡볶이가 아닌 오징어튀김을 먹었던 날이었어. 분식집 아주머니가 오징어튀김을 잘라서 종이컵에 담아주시고, 그 위에 케첩을 살짝 뿌려주셨는데, 그 새콤달콤한 맛이 정말 행복했어. 떡볶이를 먹을 때와 다르게 입안이 얼얼하지 않았고, 음식 맛을 제대로 즐길 수 있었거든. 그날은 친구들과의 대화에도 더 집중할 수 있었고, 함께 보낸 시간이 훨씬 즐거웠어.

그때 깨달았어. '내가 진짜 좋아했던 건 떡볶이가 아니라 오징어튀김이었구나'

그날 이후로 분식집에 갈 때 친구들이 떡볶이를 먹으면 나는 자연스럽게 오징어튀김을 주문했어. 처음에는 조금 어색했지만, 이 작은 선택이 나 자신을 더 잘 이해하는 계기가 되었어. 단순히 음식 하나를 선택하는 일이 아니라, 내가 진짜로 원하는 것이 무엇인지를 스스로 깨닫고 표현하는 과정이었던 거야.

이 경험은 단순히 음식 취향을 찾는 데서 끝나지 않았어. 나 자신을 더 깊이 이해할 수 있는 중요한 계기가 되었어. 예전에는 다른 사람들의 취향에 맞춰 사는 게 자연스럽다고 생각했어. 그런데 내가 진짜 좋아하는 걸 찾고 나니까 남의 기준에 휘둘리지 않게 되었어. 내 선택을 존중하고, 그것을 통해 내 삶을 주도적으로 살아가는 법을 배운 셈이지.

이 변화는 나 자신뿐 아니라 타인에 대한 이해로도 이어졌어. 매운 떡볶이를 좋아하는 사람도 있고, 고소한 튀김을 좋아하는 사람도 있다는 걸 자연스럽게 받아들이게 되었어. 옳고 그름의 문제가 아니라, 각자의 다름을 인정하고 존중하는 게 중요하다는 걸 배웠어. 나만의 취향을 소중히 여기는 만큼, 다른 사람들의 선택도 존중하게 되었어.

그래서 말인데, 오늘 스스로에게 한번 물어봐.

"내가 진짜 좋아하는 건 뭘까?"

신미선

저는 경험을 통해 배움을 얻고, 이를 바탕으로 성장하는 것을 중요하게 생각합니다. 어린 시절, 친구들의 취향에 맞춰 지내던 제가 오징어튀김을 통해 나만의 선택과 가치를 깨달은 순간이 있었습니다. 이 경험을 통해 나의 선택과 타인의 선택을 모두 존중하는 태도를 배우게 되었고, 앞으로 이러한 가치를 바탕으로 긍정적인 영향을 주는 사람이 되고자 합니다.

# 배움은 기쁜 것이니
# 어찌 원망하겠는가

◇ 정혜원

**서양 학문을 향한 선망이 시작되다**

나는 어렸을 때부터 지식 탐구에 관심이 많았다. 특히 과학을 좋아해 학창 시절 언제나 과학 만화책을 끼고 살았다. 새로운 지식을 배울 때마다 기뻤으며, 그 지식을 일상생활에 활용하곤 했다. 초중등 시절, 과학은 세상을 이해할 수 있게 만들어 준 도구였다. 배운 지식을 타인과 공유하기도 했다. 특히 친구를 사귈 때 과학적 지식을 언급하며 대화를 시작하곤 했다. 이때부터 과학은 세상의 모든 현상을 설명할 수 있는 최고의 학문이라 여기기 시작했다.

고등학생이 되었을 때도 선망은 계속되었다. 이번에는 철학이었다. 서양 철학자들이 쓴 이성주의, 계몽주의, 실존주의 등과 같이 수준 높은 단어와 사유가 경외감을 불러일으켰다. 이렇게 모든 것이 발달한 서양이야말로 시대를 앞서간 곳이라 여겼으며, 자연스럽게 동양은 시류에 뒤떨어진 답답하고 고리타분한 곳이라 여겼다.

**동양 학문에 관한 인식이 변화하다**

그렇게 대학생이 되었을 때, 내 인생에서 가장 큰 변화를 맞게 된다. 3학년 마무리 후 1년 동안의 휴학을 결정했을 때 어머니의 소개로 공부 공동체에 들어갔다. 그곳은 동·서양 철학을 포함해 과학 철학, 종교 철학, 역사 등 다양한 분야를 심도 있게 배우는 곳이었다. 1교시는 철학 수업을, 2교시는 책 한 권을 일정 분량 읽어오고 읽은 내용을 경험과 연결 지어 자기 경험을 나누었다. 일주일에 한 번씩 수업을 듣고 숙제로 에세이를 쓰면서 학창 시절 가졌던 동양 학문에 관한 막연한 고정관념이 점차 깨지기 시작했다.

사주 명리학이나 동의보감은 미신의 영역이 아니었다. 끊임없이 변화하는 자연을 관찰하며 정리한 원리를 인간의 몸과 마음에 적용해 건강하게 사는 법을 연구한 실용적인 학문이었다. 불교는 현실 도피라거나 염세주의가 아니었다. 싯다르타 왕자는 물질적 풍요의 실체를 보고 그것을 추구하는 게 얼마나 많은 번뇌를 일으키는지, 번뇌의 원인은 무엇인지 탐구하기 위해 모든 부귀영화를 버리고 황야로 뛰어들었다. 진리를 위해 일탈했다는 부분에서 도피의 모습은 흔적조차 찾을 수 없었다. 무엇보다도 살아가며 겪을 수 있는 문제에 뛰어들어 인간을 포함한 모든 생명체의 고통 해결을 위해 끊임없이 노력한 실존적인 학문이었다.

실용적인 면을 포함해 동양 학문이 마음에 끌렸던 가장 큰 이유는 바로 역동성이었다. 해석하는 사람의 환경적 특성에 따라 하나의 보편적 진리에 다양한 사상이 나왔다는 것, 기존의 이론과 다르다는 이유로 탄압하지 않고 하나하나 이론으로써 다양성을 존중하고 공존했다는 것, 그렇기에 다양한 문제를 가진 사람들에게 가르침이 차별 없이 하나하나 적절하게 스며들었다는 것. 배우면 배울수록 새로운 해석을 발견해 경이로웠고 심오한 사유에 감탄하지 않을 수 없었다.

**서양 학문을 향한 선망이 사라지다**

반면 서양 학문은 배우면 배울수록 실망만 늘어갔다. 뛰어난 이론은 많았지만 대부분 실생활과 동떨어져 있었다. 특히 특정 계층이 지식을 독차지했으며, 끊임없이 변화하는 세계를 하나의 영원 불변한 절대적 이론으로만 설명하려니 계속해서 모순이 생겼다. 공부의 목적은 나만 있는 좁은 영역에서 벗어나 변화무쌍한 세계와 만나며 성장하는 데 있다. 성장 과정에서 인간은 큰 환희를 느낀다. 하지만 서양 철학자들은 환희를 느끼기는커녕 고통에 빠졌다. 이성과 감정, 정신과 육체라는 이름으로 나누고 절대성에 집착해 본인만의 좁은 영역에서 벗어나지 못했기 때문이리라. 사유는 저 높은 경지에 이르렀으나 현실에서의 고통과 욕망은 그대로라 이 괴리감을 버티지 못했다. 이 모습은 사회적 모습인 페르소나와 실제 자기인 그림자의 합일을 이루지 못한 형태였다. 철학을 삶에 전혀 응용하지 못하니 건강이 나빠지고 정신은 피폐해진 셈이다.

과학을 향한 선망은 특히 심하게 깨졌다. 과학자들은 자연에서 어떤 이론을 발견하면 마치 그 현상을 자기 것처럼 마음대로 다룰 수 있다는 듯 행동했다. 이들에게 발견은 그저 돈과 명예를 크게 부풀리는 수단이었을 뿐이지, 새로운 배움의 장으로 들어갔다고 생각하지 않았다. 일부 과학자들은 20세기 후반까지도 환경 파괴는 물론, 잘못된 논리 때문에 사람이 죽어도 전혀 신경 쓰지 않았다. 생물 연구라는 명목으로 한 생물 종을 완전히 멸종시키는 모습을 보고 지성을 탐구하는 사람들이 왜 이렇게 잔인한지 의문이 들었다.

게다가 누군가가 자신이 발견한 이론의 허점을 지적하거나 새로운 논리를 제시하면 원본 자료를 훼손하면서까지 온갖 기상천외한 이유로 상대를 모욕했다. 지식을 개방하며 토론을 통해 논리를 발전시킨 게 아니라 독점하고 숨겼다가 후대에 와서야 비판받고 폐기된 이론이 한둘이 아니었다.

**감정을 바라보다**

1년 공부가 끝난 후 실망감은 더욱 커져 불편함으로, 세상의 모든 나쁜 일이 서양에서 비롯되었다는 판단으로 이어졌다. 동양 사상이 훨씬 심오함에도 이성과 개발이라는 번지르르한 말에 속아 삶을 운용하는 철학을 잃었다고 생각했다. 자연과 인간의 관계를 설명하고 실생활에 건강하게 활용할 수 있는 지혜를 저 오만한 서양에 의해 사이비나 미신으로 전락했다는 생각에 화가 치밀어 올랐다. 보이지 않는 것을 없다고 치부하고 증명이라는 이름으로 감각으로 지각되는 것만 전부라고 여기는 과학이 덜떨어져 보였다. 나눌 수 없는 요소를 이분법으로 나누고 일반화의 오류를 범한 서양 학문을 인류 최고의 지성이라 칭송하며 비판 없이 따르는 현대인을 무지하다고 여겼다.

이 판단은 현재 진행 중이다. 하지만 감정적인 이유로 서양 학문을 배척한다면 서양은 뛰어나고 동양은 열등하다고 여긴 예전 태도와 다르지 않다. 서양 학문도 그저 세계관이 다를 뿐이다. 동양 철학에서 사상의 다양성을 인정했듯, 다름을 인정하면 될 뿐이다. 나는 이 점을 분명히 알고 있다. 알고 있기에 주의하고 있으나, 다만 억압하지 않고 왜 감정이 일어나는지 탐구하고 있다. 외부에서 서양 철학에 관한 수업을 들으면 도반들과 함께 이야기하곤 한다. 가끔 화가 올라오면 마음을 솔직하게 표현한다. 감정 조절하며 배우고, 배운 지식을 또 다른 도반들과 나눈다.

이렇게 교류하며 자연스럽게 분노는 사라지는 중이다. 이제는 새로운 걸 배운다는 기쁨 그 자체로 돌아가야 한다. 탐구 과정에서 느끼는 다양한 감정을 받아들인다. 그 무엇도 적대하지 않는다. 탐구를 통해 얻은 깨달음 하나를 가져간다. 분노하되 배운다, 새로운 앎 그 자체를 기뻐한다. 그리고 탐구는 계속된다.

## 정혜원

항상 의문이 들곤 했습니다. '왜 인류는 지식이 늘었음에도 정신적 고통에 시달리는 것인가?' 이 질문에 대한 제 방식의 답을 찾은 이후 한동안 서양 학문을 향한 분노에 시달렸습니다. 분노했다는 건 그만큼 제가 학문을 깊이 사랑했다는 뜻이겠지요. 어쩌면 우리는 이성과 논리라는 이름으로 함정에 빠져 오히려 능동적 삶의 주체와 멀어진 것일지도 모릅니다. 하지만 인간은 변화하는 자연과 같이 끊임없이 변화하는 잠재성을 지니고 있습니다. '변화'라는 특유의 회복성이 저를 공부 공동체로 이끌어 새로운 내면의 변화를 만들어 낸 것처럼 말이죠. 이제는 이분법 대신 포용으로 나아가려 합니다.

인스타그램 @hawon01.hanmail

# PEOPLE

그 속에 담긴 진심 _ 남유나

사탕을 싫어한다던 그 아이도 사실은 _ 김채언

오해와 태도로 친해지기 _ 남혁신

첫인상 공포증 _ 오다영

독립 만세 _ 고나현

쌍둥이입니다만 다릅니다 _ 김은희

시험이 뭐길래 _ 김미진

당신도 혹시 '쎄믈리에'? _ 오채림

나는 예스맨입니다 _ 김혜수

첫 만남은 너무 어려워 _ 전효주

PART 2

# 그 속에
# 담긴 진심

# 그 속에 담긴
# 진심

◇ 남유나

"고디 따까리 닮았다", "너보다 네 엄마가 더 예뻤다", "거기서도 잘하고 있는 거 맞나?" 경상도에 계신 나의 할머니가 나에게 하신 말씀이다. 할머니는 예쁜 손녀에게 예쁘다거나, 이루어 낸 행동을 잘했다고 칭찬하시기보다는 늘 툭 던지는 말씀을 하시곤 했다. 심지어 윷놀이를 할 때도 윷을 던지며 "예끼!" 하시며 꿀밤을 놓으시기도 했다.

심리학자 게리 채프먼(Gary Chapman)에 따르면 사람마다 자신만의 애정 표현 방식이 존재한다. 나의 할머니는 다정함이 숨겨진 조금 날카로운 방식으로 애정을 나타내셨다. '고디 따까리'라니, 얼마나 뜬금없고 낯선 말인가. 나도 인터넷 검색으로 겨우 이 단어가 다슬기 머리맡의 검은 부분이라는 것을 알았지만, 그 당시에는 참 어리둥절했다. 시간이 지난 지금은 헛웃음을 지으며 넘길 수 있는 말이지만, 그 순간에는 마음 한구석이 서글펐다.

당신에게도 나와 다른 방식으로 애정을 표현하는 사람이 분명히 있을 것이다. 나에게는 그 사람이 나의 할머니이다. 나는 이 글을 통해 할머니와 나의 이야기를 전하며, 당신도 그런 사람을 어떻게 대하고 있는지 생각해 보길 바란다. 이 이야기를 하는 이유는 겉으로 드러난 표현만으로 상대를 오해하여 서로의 마음이 다치는 일이 없기를 바라기 때문이다.

어릴 적 나는 다정하지 못한 할머니의 말씀을 서운하게 받아들였다. 부모님께 여러 번 할머니의 그런 표현이 싫다고 말씀드렸지만, 부모님은 늘 "할머니는 애정 표현이 서투신 거야. 하지만 누구보다 너를 좋아하셔"라고 대답하셨다. 어린 나는 그 말을 쉽게 받아들이기 어려웠다. 나를 정말 사랑하신다면 좋은 말만, 칭찬만 해 주셨으면 좋겠다고 생각했다.

중학교와 고등학교에 들어서는 그저 수용하기로 했다. 할머니는 원래 저렇게 말씀하시는 분이라며 받아들이기로 한 것이다. 경상도 사람들은 표현이 서툴다는 말을 기억하며, 할머니의 말을 한 귀로 듣고 흘려버리려 했다. 어린 시절처럼 상처받고 싶지 않았기 때문이다. 하지만 당시에 자신의 감정을 솔직하게 표현하는 언행이 옳다고 믿었던 나는 여전히 할머니의 표현 방식이 완전히 이해되지는 않았다.

대학교에 들어가며 나는 대구를 떠나 혼자 살게 되었고, 할머니를 뵙는 일이 적어졌다. 명절에나 가끔 뵐 수 있었지만, 이 시점부터는 할머니의 애정 표현이 싫지만은 않았다. 직설적인 잔소리와 나를 놀리시는 표현 모두 나를 생각해서 하시는 말씀으로 느껴지기 시작했다. 혼자 생활하며 외로움을 느끼다 보니 할머니의 거친 표현 방식에 담긴 애정이 그리웠던 것 같다.

그럼에도 내가 할머니의 애정을 깨닫게 된 순간을 분명히 특정하기는 어렵다. 다만 달라진 점은 내가 할머니의 표현을 받아들이는 태도였다. 나이를 먹고 다양한 경험을 하다 보니 할머니의 표현 방식보다는 그 속에 담긴 진심에 집중하게 되었다. '왜 저런 말씀을 하실까?'를 생각하며 '나를 이렇게까지 소중히 생각하시니 이런 직설적인 말씀을 하시는구나'라는 깨달음을 얻었다. 그런 후에는 더 이상 할머니의 표현들이 싫지 않았다.

며칠 전, 내가 다리를 다쳤을 때 할머니에게 전화가 왔다. "절대로 반깁스 풀지 마레이. 지금도 풀고 있을까 봐 전화했다. 절대로 풀면 안 된데이" 통화 내용은 이게 전부였다. '잔소리하시려고 전화하셨나? 아프냐는 말 한마디도 없으시네'라고 생각했을 수도 있었다. 그러나 지금의 나는 오히려 할머니의 애정이 느껴져 코끝이 찡했다. 할머니의 거친 표현 방식 속 진심을 이제야 비로소 깨달은 것이다.

할머니의 진심을 알게 된 지금, 할머니께서는 생의 끝을 준비하고 계신다. 조금만 더 일찍 그 진심을 깨달았다면 좋았을 것이라는 아쉬움이 남는다. 그렇기에 나는 당신에게 말하고 싶다. 나와 표현 방식이 다른 사람은 언제나 존재한다. 모두가 나와 같을 수는 없다. 상대방의 진심이 깊이 다가오지 않는 표현에 상처받거나 실망하여 거리를 두지 않기를 바란다.

겉으로 보이는 표현 방식에 집중하기보다는 그 속에 담긴 진심을 헤아리려 노력하라. 상대방의 말과 행동이 때로는 혼란스럽고 상처가 될 수 있다. 그러나 한 번쯤은 표현이라는 단단한 껍질 속에 담긴 과육을 맛보길 바란다. 우리 생각보다 더 풍부하고 달콤한 진심이 숨어 있을 수 있다. 그 안의 진심을 깨닫는 순간, 마음속에 잔잔한 온기가 스며들 것이다.

_____ 남유나

남: 유나, 제 이름이에요.
유: 난히도 밝고 열정적으로
나: 의 꿈을 향해 나아가고 있답니다.

# 사탕을 싫어한다던
# 그 아이도 사실은

◇ 김채언

어느 날 갑자기 일기장을 꺼내서 읽어보고 싶었던 적이 있지 않은가? 잊고 살다가 문득 꺼내어 본 나의 일기장은 생각보다 수많은 이야기를 보관하고 있었다. 12살인 내가 쓴 일기장에 등장하는 한 아이. 전학생인 그 아이에게 했던 나의 오해는 일기장 한 면에 고스란히 남아 있었다. 교실에 들어와 자기소개할 때도, 내가 처음 말을 걸었을 때도 무뚝뚝한 표정을 짓고 있는 것처럼 보였던 전학생. 나는 어렸을 때부터 간식거리를 챙기고 다녔는데, 그때는 가방 속에 사탕이 있었다. 친해지고 싶은 마음에 용기를 내서 사탕을 건넸다. "사탕 먹을래?" 그때의 나는 무슨 답을 들었을까? "아니, 나는 사탕을 안 좋아해" 12살의 나는 그 대답 하나에 하루가 무너지는 느낌을 받았나 보다. 일기장엔 그 아이를 향한 나의 오해들이 가득했다. '내가 좋아하는 사탕을 줬는데 거절당했다……', '말수가 없고 무뚝뚝한 성격인 것 같다', '친해지고 싶은데 나를 싫어하는 것 같다' 일기를 보며 흐릿하게 떠오른 기억들. 그때 나는 '휴리스틱'을 사용했다고 할 수 있다. 휴리스틱은 시간이나 정보가 불충분하여 합리적인 판단을 할 수 없거나, 굳이 체계적이고 합리적인 판단을 할 필요가 없는 상황에서 신속하게 사용하는 어림짐작의 기술이다. 그 아이에 대한 정보가 충분하지도 않은 상태에서 자기소개와 대답 한마디로 성격을 판단해 버렸고, 나를 싫어하는 것 같다는 파국적 사고까지 해버렸다.

얼마 가지 않은 오해였다. 그때의 담임선생님은 학생들의 일기에 전부 코멘트를 달아주셨는데, 선생님의 코멘트는 그 아이에 대한 오해를 없애기에 충분했다. 그 아이도 일기장에 친해지고 싶은 친구로 나의 이름을 적었다는 코멘트. 서로의 일기장에 서로가 등장한 것이다.

시간이 지나 다시 말을 걸고 조금 친해지고 나서 물어보니, 정말로 사탕을 좋아하지 않는다는 사실을 알게 됐다. 그리고 날이 갈수록, 친해질수록 장난도 잘 치고 밝은 성격이라는 것도 느낄 수 있었다. 전부 처음 보는 얼굴로 가득한 교실에서 자기소개하기란 정말 어려운 일이고, 어색하고 긴장된 상황이었을 텐데. 어린 나에게는 오해가 먼저 생겼나 보다.

*사탕을 싫어한다는 그 아이도 사실은, 나랑 친해지고 싶었다고.*

인간은 누구나 휴리스틱을 사용한다. 빠르게 일어나는 만큼, 오해를 낳을 수도 있다. 사탕이 아니더라도, 부탁을 거절당했거나 상대의 표정 또는 말투로 오해하게 된 경험이 있는가? 그 오해가 또 다른 극단적 사고를 낳진 않았을까. 오해는 언제든 생길 수 있지만, 그 오해가 더 큰 파국적 사고를 하게 두지 않았으면 한다. 물론, 담임선생님의 코멘트처럼 오해가 해결될 수 있는 실마리가 없는 상황도 많이 겪게 된다. 이럴 경우, 오해가 그대로 오해로 남을 수 있다. 그렇다 하더라도, 인간은 누구나 휴리스틱을 사용하고, 나 자신도 사용한다는 것을 상기시켰으면 좋겠다. 내가 지금 느끼는 이 감정이 순간의 판단으로 인한 감정이라면, 내가 생각하는 것이 늘 사실은 아닐 수 있음을 떠올렸으면 좋겠다.

어느 하루, 친구의 표정이 어둡고 내가 하는 말에 대한 답이 무성의하게 느껴지는 날이 온다면 어떤 생각이 들 것 같은가? '나랑 대화하기가 싫나?', '내가 귀찮나?' 이와 같은 생각이 당연히 들 수 있다. 혹시라도 그런 생각이 든다면, 다시 휴리스틱을 떠올려 보자. 내가 오해를 하는 것 같다고 생각해 볼 필요가 있다. 모기 때문에 잠을 설쳐 피곤한 사람도 있고, 아침에 친언니와 같이 입는 옷을 두고 사소하게 싸우다가 마음이 상한 상태로 집을 나온 사람도 있다. 여유롭게 나왔는데도 지하철이 연착돼 지각한 경험으로 속상한 사람도, 가장 좋아하고 자주 가던 동네 에그타르트 맛집이 사라져 슬픈 사람도 있다. 새 신발이 만차 지하철에서 누군가의 신발에 밟혀 화가 난 사람도 있을 것이다. 하얀 옷을 입은 날 떡볶이를 먹다 흘려 얼룩진 경험이 있는가? 누구나 살면서 한 번쯤 겪을 법한, 한순간에 감정이 상하게 되는 경험들. 이렇듯, 사람은 저마다의 경험을 겪고, 저마다 다른 해석을 한다. 이런 과정에서 다양한 감정을 겪어 각기 다른 상태에 놓인다. 모든 것은 생각하기 나름이라지만, 그 생각이 나에게 부정적 영향을 주는 오해라면 길어지지 않았으면 좋겠다.

상대의 표정을 유독 많이 의식하고 있다고 느낄 때, 내 이야기가 지루하다고 생각한다는 느낌이 들 때, 앞서 말한 상황을 떠올렸으면 좋겠다. 그 순간의 표정만으로 당신의 이야기를 지루해한다고, 당신이랑 있는 시간을 아까워하는 것 같다고 느끼지 않았으면 좋겠다. 때로는 안 좋은 예감이 맞을 때도 있다. 나와 가까워지고 싶지 않은 것 같은 사람이, 실제로 그런 사람일 수 있다. 나랑 보내고 있는 시간을 지루하게 여기는 것 같은 사람이, 실제로 얼른 집에 가고 싶은 상태일 수 있다. 그러나, 순간의 판단은 꼭 피해야 한다. 인간은 어느 상황에서도 휴리스틱을 사용하고, 오해를 낳을 수 있으니까. 그 오해가 나를 괴롭힐 수 있으니까. 오해가 나를 괴롭히게 두지 않도록.

나의 판단이 오해일 수 있겠다는 생각의 전환. 그 힘은 생각보다 크게 작용한다. 생각은 빠르게 일어나기 때문에, 생각 자체를 막을 수는 없다. 그러나, 빠르게 생긴 오해를 깊어지지 않게 하는 것은 충분히 가능하다. 당장에 느껴지는 감정을 통제하기란 쉽지 않지만, 휴리스틱 개념을 떠올리며 생각 전환의 힘을 잘 사용해 보아라. 아르바이트 면접을 보러 갔는데, 매니저로 보이는 분의 표정이 별로 좋지 않다는 생각이 든다면, 어떤 생각의 전환이 도움이 될까? 실제로, 나는 '오늘 손님이 많아서 힘드신가 보다'라고 생각을 바꾸도록 노력했다. 이러한 생각의 전환은 면접의 부담을 확실하게 줄여줬고, 어쩌면 사소할 수 있더라도 나에게는 소중한 성공 경험이 됐다.

사탕을 싫어한다는 그 아이도 사실은 나랑 친해지고 싶었던 것처럼, 나와 보내는 시간을 지루하게 여기고 있는 것 같은 사람도 사실은, 가장 좋아하던 동네 에그타르트 맛집이 없어져 속상한 상태였다고. 놀자는 약속을 바쁘다며 거절했던 그 아이도 사실은, 나와 놀기 싫은 게 아니라, 미뤘던 과제를 발등에 불이 떨어진 느낌으로 해치우는 중이었다고.

세상의 수많은 오해가 더 깊어지지 않기를.

김채언

와닿는 글을 쓰고 싶은 사람.
감정을 들여다보는 시간에 우리가 함께 있기를 바랍니다.

# 오해와 태도로
# 친해지기

◇ 남혁신

오해. 오해란 무엇일까? 말 그대로 의미를 잘못 해석했다는 의미일 것이다. 우리는 타인의 마음을 온전히 알 수 없고, 때때로는 자신조차도 자신의 마음을 잘 알지 못하기에, 우리는 아무리 우리가 공감 능력이 좋다고 하더라도 타인과 우리 마음의 의미를 온전히 전달할 수 없다. 생각을 전달받을 수 없고 서로 온전히 통할 수 없다. 우리는 오해와 떼려야 뗄 수 없는 오해의 생물이라 생각한다.

이런 오해와 결별하고 싶어도 절대 결별할 수 없는 우리는 어떻게 인간관계를 가져야 할까? 인간관계에서 오해는 당연히 발생한다. 오해의 생물인 우리에겐 참 답이 없는 막막한 문제이다. 한 가지 방법을 제안하자면, 우리 삶 전반에 하나의 기둥이 될 수 있고 자신의 굳센 뿌리라 할 수 있는 태도를 가짐으로써, 오해를 떼어내기보단, 오해와 조금은 가까워지고, 이해할 수 있을 것이다. 그래서 나는 이 책을 읽는 독자분들의 경험에 비하면 얕을 수 있는 내 경험을 바탕으로, 인간관계에서 오해에 대해 다루는 나의 태도를 통해 오해를 받아들이는 데 조금이라도 도움이 되었으면 하는 바람에 적어보고자 한다.

### 정해진 건 없다

그 친구와의 만남은 초등학교 5학년 때였다. 지금도 종종 연락하고 같이 밥도 먹지만 그때를 생각하면 어떻게 이런 관계가 되었을까 생각할 정도로 첫인상의 오해로 그리 친하게 지내고 싶지는 않은 친구였다. 그 친구와의 첫날은 아직도 생생하게 기억날 정도로 내 인생에서 충격적이었다. 새 학기 첫날 옆에 앉은 그 아이는 처음 보는 나에게 별 거리낌과 어색함 없이 마치 3년은 알고 지낸 듯이 정말 친근하게, 다르게 생각하면 무례하고 당황스럽게 그 아이가 나에게 대하는 태도가 내 눈에는 참 이상하게 보였다. 잘 기억은 나지 않지만, 처음에는 조금 신기하게 생각하기도 했고, 숫기

하나 없었던 그때의 나는 어색하고 부끄러워 그 첫날에 친근하게 대하지는 못했던 것 같다. 그때의 나는 그 친구와 의사소통을 해볼 생각을 해보지 않고 내 멋대로 무례하고 이상한 아이로 생각하고 거리를 두려고 했었던 기억이 난다. 어찌 되었든, 그렇게 처음에 내 마음은 뭔가 텁텁한 영 개운하지 않은 느낌이었다. 물론 그 이후론 그런 첫날의 기억은 금세 잊고, 나와 성향은 많이 다르지만, 내 안의 선을 훌쩍 뛰어 들어온 그 친구와 둘도 없는 친구가 되었다. 이 글을 쓰며 연락하고 그때 왜 그랬냐고 물어보니, 어렸을 때 본인은 원래 친해지고 싶은 사람에겐 그렇게 거리낌 없이 대했더랬다. 그때 이야기를 하며 나는 나를 원래 알고 있던 아인데, 내가 혹여나 잊어버렸나 싶었나 싶어, 그 당시에는 그냥 말을 하지 않았고 너 정말 이상한 사람이었다고 털어놓는 즐거운 시간을 보냈다.

오해는 대부분 이런 서로의 의사를 알 수 없고 생각이 다른 상황에서 발생하는 것 같다. 특히나 내 생각대로라는 상황에서는 더더욱 그 오해라는 갈등의 골이 더 깊고, 심하게 뿌리내린다. 자신의 마음도 잘 모르는 우리가 타인의 마음을 멋대로 판단하는 것이 얼마나 의미 없는 일이고 말도 안 되는 일인지 알아야 할 필요가 있다고 생각한다. 내가 가진 마음의 의미가 선의든, 악의든 간에 의사소통을 하지 않으면 알 수 없다. 지금 글을 쓰고 있는 나는 오늘 연락한 그 친구와 13년 만에 오해를 푼 것이나 다름이 없다. 물론, 그런 오해를 덮어 두고도 잘 지내 왔지만, 그 오해의 소재는 지금까지 쭉 이어져 왔듯, 오해라는 글자는 가볍기도 하기 무겁기도 하며 참 오래 남는 것임은 틀림없다.

내 속에서 마음대로 해석하고 단정 짓고 오해하는 우리 사고의 자동적인 처리는 어쩔 수 없겠지만, 적어도 내 글을 읽는 독자들이 우리가 온전히 서로의 마음을 드러내며 의사소통을 하지 않는 이상, 그 사람의 감정도, 의미도 '정해진 것은 없다'라고 생각하며 지냈으면 한다. 그때의 내가 '이 친구는 원래 무례한 성격일 거야'라고 생각해서 멀어진 것처럼 무언가 그 사람의 감정과 생각의 의미가 정해졌다 생각하면, 어느새 그 사람에게 내 생각을 대입하여 마치 그의 의도가 정해진 듯이 생각하기 마련이다.

아무것도 정해진 것이 없다고 생각하며 불안과 오해를 떨쳐버린 후에도 남는 문제가 있다. 아마도 누군가와 의사소통하고 돌아와 집에서 쉬며 생각을 정리할 때, 그러니까 심리학 용어로는 '반추'할 때 생기는 오해는 줄어들겠지만, 사람을 앞에 두고 생기는 즉각적인 오해에 대해서는 아마 정해진 것은 없다고 생각하는 것만으로는 아마, 힘들 것이다. 우리는 누군가와 빠르게 상호작용 할 때 어쩔 수 없이 빠르고 즉흥적으로 즉, 휴리스틱하게 직관적으로 판단하고 말하기 때문에 즉각적으로 생기는 오해에는 취약할 수밖에 없다. 그래서 이 책을 읽는 독자님들에게 한 가지 뿌리를 더 말해보고자 한다.

### 적은 없다

우리 삶에 적이 뭘까? 날 힘들고 괴롭게 하는 사람들? 나에게 오해를 불러일으키게 하는 사람들? 그렇게 생각한다면 당연한 것이라 생각하고 이해한다. 우리는 누구든지 사랑할 수 있을 정도로 그렇게 초월적인 인물은 아니니까 말이다. 우리는 때때로 몸과 마음이 지치면, 왠지 '저 사람이 날 괴롭히려고 그런 걸 거야', '내가 힘들라고 그런 걸 거야' 하며 적개심을 바탕으로 해석할 때가 있다. 우리가 그러기 싫어도 스트레스에 의한 자동적인 반응으로 말이다. 대부분 이런 스트레스 상황에서 상대방에 대한 적대적 오해 때문에 순간적으로 짜증이 생기고, 우리의 순간적 해석에 의해 우리의 적이라 생각할 수 있다. 스트레스 때문이 아니더라도, 낯선 사람에 대한 두려움에 의해 적이라 생각하는 오해가 생길 수도 있다. 우리 마음은 이렇게 작은 틈새를 비집고 마음속에서 적을 만들어 낸다. 특히, 마음이 지쳤다면 우리가 살펴볼 겨를도 없이 말이다.

얼마 전 책을 한 권 읽었다. 니체의 『인간적인, 너무나 인간적인』이라는 책이었는데, 이런 문장이 등장한다. "적들이여 적은 없다네" 책에서 철학자는 이런 의미로 쓰지는 않았겠지만, 이 문구를 따오고 싶다. 말 그대로 우리에게 적은 없다. 이 문장을 읽고 지금까지의 내 생각을 되돌아보며 지금껏 살아오면서 별 이유 없이 적대하던 사람들에 대한 부끄러움이 한가득 몰려왔다. 지하철에서 처음 보는 사람들에 대한 선입견, 친한 친구의 이유 모를 불쾌한 태도에 대한 적개심, 힘들 때의 짜증 내던 나의 모습, 나와 입장, 선호가 다르다는 이유로 등한시했던 사람들. 이들 모두를 나는 그저 한 가지, 적으로 대하고 있었을 뿐이다. 일단 적으로 대하고 나면, 우리는 그들의 이야기는 전혀 들어보지 않고 분노로 답하기 마련이다.

'적은 없다'라는 태도로 사람들을 바라볼 수 있게 되자, 적개심과 두려움이라는 앞을 제대로 보지 못하게 하는 안개는 지워지고 어느새 이해심이라는 것으로 사람들을 보는 시선의 변화가 나에게 서서히 다가오기 시작했다. 지하철에서 소리 지르고 욕하는 아저씨에 대한 적개심은 '철도 파업으로 일에 늦는 것이 정말 고통스러우신가 보다', 오늘따라 유난히 내게 공격적으로 나오는 친구에겐 '알바에서 힘든 일이 있었나 보다' 생각하며 이야기를 들어주고, 의견이 다른 타인에 대해선 '살아온 배경과 보고 자란 것이 다르니까', 내가 스트레스받는 상황에서 타인에게 내는 짜증은 그 순간 '내가 무슨 이유로 이렇게 화가 났지? 왜 그러지?'라는 나에 대한 이해까지 말이다.

우리에게 적은 없다. 적이라고 한 가지로 묶어 생각하면 오해는 뒤따라오기 마련이다. 개개인에 대한 너그러움과 이해가 오해의 생물인 우리와 한층 척박해진 우리 사회에 더 필요한 것은 당연한 것이다.

앞서 설명한 이 두 태도를 인생에서 거창하게 실천하고 꼭 지키려고 들 필요는 없다. 그저 삶에서 더 편안하게 생각하고, 원활한 의사소통을 위한 마음가짐으로써 마음 한곳에 새겨두고, 한순간의 오해에서 문득 생각나는 태도였으면 한다. 두 태도 모두 결국 나 자신의 마음이 여유로워지고 안정적이기 위한 방안일 뿐이고, 그것이 바탕이 되어야 오해도 즐겁게 웃어넘길 수 있게 되리라 믿는다.

## 남혁신

심리학과 재학 중인 00년생 학생. 세상 모두가 하루하루 더 너그럽고, 마음을 편안히 가질 수 있길 희망하는 꿈 큰 사람이다.

# 첫인상
# 공포증

◇ 오다영

이 책을 읽고 있는 독자들아, 첫인상으로 인해 네 자신에 대해 평소와 다르게 알고 있던 경험이 있니? 나는 사람들과 깊게 친해졌을 때, 처음 물어보는 게 "내 첫인상이 어땠어?"인 것 같아. 그럴 때 실망스러운 답변도 나오기도 하고, 기분 좋은 답변도 나오고, 마치 무작위 뽑기 같은데, 첫인상이 안 좋았던 얘기를 들으면, 잠깐 슬펐다가 기분이 확 좋아지더라고. 첫인상은 어떻게 보면 단순하지만, 묘하게 신경 쓰이고, 어떤 사람과 친해질 수 있는 상황에서의 장애물인 것 같아. 내가 왜 자꾸 첫인상에 대해 언급하고 신경을 쓰냐고? 난 첫인상으로 내 성격의 80% 정도를 바꾸게 되었다고 생각하거든. 그리고 이 책의 소주제라고도 말할 수 있어. 지금부터 첫인상에 대한 내 이야기를 시작해 볼게.

애들끼리 이런 얘기를 종종 해. "초중고 중에 돌아갈 수 있다면 넌 언제로 돌아갈 거야?" 애들은 하나같이 고등학교든 중학교든 하나를 뽑거나 다 너무 좋았어서 엄청 고민을 하더라고. 난 한 번도 망설임 없이 얘기를 했어. "글쎄. 난 별로 돌아가고 싶지 않아. 좋은 추억이 별로 없거든" 이렇게 말한 이유 중 가장 큰 이유가 첫인상 때문이었어. 난 초중고, 어쩌면 대학교 1, 2학년 때까지 일지도 몰라. 난 엄청 에너지도 높고 활발했어. 주변 애들의 시선을 어느 정도 끌 정도로 목소리도 크고 말이야. 의도한 것도 아니고 그냥 내 평소대로 하면 그렇게 되더라고. 그래서 그렇게 한참 지내다 보면 나도 항상 밝은 성격만 있진 않지. 편한 친구들이랑 있을 때는 편해져서 조용해지는 내 성격을 알게 된 친구들과 첫인상 얘기를 해보면 내 첫인상이 그다지 좋지 않았던 것 같아. 너무 성격이 활발해서 자기랑은 안 맞을 것 같다는 얘기를 종종 들었거든. 그런 와중에도 나랑 아직 친하게 지내고, 만나는 친구들은 이런 내 성격을 좋아해 주고 잘 맞는다고 느껴서 만나고 있는 거지만, 저런 얘기를 많이 들은 나에게는 큰 상처이자 고민거리였어. 나의 대인관계에 악영향을 끼치는 내 성격이라면 나도 내 자아 안에서 얼른 내쫓고 싶었거든. 그렇게 고민을 좀 하려고 하면 내가 신경 써야 할 것들이 더 많아지면서 나의 성격에 대한 고민은 조금씩 뒤로 미뤄지며 해결하지 못한 나의 숙제로 남게 되었어.

그러던 2023년 여름, 고등학교 3학년 때 친해진 친구와 함께 꿈에 그리던 오사카 여행을 가게 되었어. 하지만 운이 없게도, 나는 여행 도중 독감에 걸리게 되었고, 응급실까지 갔다가 귀국해서 치료를 받고 2주 후에 완쾌했지. 근데 독감의 여파인지 당시 우울증이 잠깐 온 것 같았어. 평소에는 생각도 안 하던 깊은 고민에 대해 답 없는 끝없는 고뇌를 하고 우울해하고 잠도 못 자고 그랬어. 가장 큰 고뇌가 인간관계였지. '내 주변에 진정하게 친한 친구로 남아 있는 사람은 누구지? 날 먼저 찾아주는 사람은 누구지? 난 친구들에게 어떤 식으로 대하지? 이 친구랑 친해지지 못했던 이유는 뭘까?' 하면서 완벽한 답도 정확한 답도 없는 것들을 끝없이 물음표를 던졌어. 친구들에게 고민 상담을 해봤지만, 답을 알 수 없었지. 평소에 고민이 없었던 내가 이런 고뇌의 시간을 가지다 보니, 내 성격은 차분해지고, 어둠이 생겼었어. 근데 고민을 끝낸 결정타 답을 내렸지. 그 답은 '나도 몰라. 어떻게든 되겠지. 모든 사람이 고민하고 완벽하게 해결하지 못하는 문제와 고민을 나라고 할 수 있겠어? 이제 인간관계의 시작을 경험했는데 왜 나는 벌써 끝을 생각해? 이건 천천히 생각해 봐도 해결이 가능할 것 같아'였어. 이렇게 결론을 내리니까 기분도 좋아지고 내가 진짜 해결해야 하고 중요한 것들이 보이더라고. 그 이후에 내 성격은 좀 차분해지고 들뜬 느낌이 사라져서 주변에서 "차분해졌다. 뭔가 진중해졌다"는 말들도 들었어. 나 자신도 차분해진 걸 나도 느꼈고, 복잡하다고 생각한 일들도 순차적으로 다양하게 생각해 보며 쉽게 처리할 수 있었고, 연민과 정으로 휘둘렸던 지난 중요한 결정들을 더욱 이성적으로 판단할 수 있게 되었어. 또 항상 남들이 하는 말에 맞춰가려고 하고, 한마디 한마디들을 신경 쓰던 성격을 고치게 됐어. 다른 사람들에게 보이는 모습의 만족을 위해 내가 살아가는 건 아니잖아. 모든 인간관계가 유연해지고, 다른 사람들도 날 진지하게 대해주고, 소중하게 생각해 주는 일들이 늘어서 '웃을 수도 울 수도 없는 오해로 인한 상처들'이 치유되었구나 싶어. 대학교에 와서 많은 사람들을 만나며 사람을 보는 방법과 대하는 방법 등 다양하게 배워왔고, 내가 생각했던 것들이 틀려서 고치게 되는 경험 또한 하게 돼서 힘들었지만, 뜻깊은 시간들을 보냈어. 이젠 나는 블로그, 일기 등을 통해 그날 느낀 신기한 감정을 종종 기록하는데 그 과정이 나 자신을 더 알게 해주고 나은 방법으로 향하게 해주는 것 같아. 그리고 나 자신을 점점 더 알아가니 유사성 이론처럼 나와 비슷한 사람에게 끌리더라고.

사람이란 정말 신기한 존재라는 게 너무 느껴지는 요즘이야. 전보다 삶이 재밌고 하루하루 어떤 일들이 일어날지 궁금해져서 삶의 의미를 찾아가는 중이지. 학창 시절의 첫인상과 독감의 고통이 나를 너무 힘들게 했지만 지금 생각해 보면 그 과정이 없었으면 지금의 나는 존재하지 않았을 것 같아서 너무 감사해.

하루하루를 살아가고 있는 현재의 날들에, 이 글을 쓰는 지금도.

오다영

제 자신을 알아보는 시간은 너무 중요하고 그걸 알아가는 요즘인 것 같아요. 누구나 갖고 있는 대학생 로망들을 하나씩 끊임없이 실현해 가고 삶의 의미를 매일 깨닫고 있는 심리학과 학생입니다.

# 독립
# 만세

◇ 고나현

집에서 쫓겨났다.

이것은, "오늘 어머니가 돌아가셨다. 어쩌면 어제였는지도 모른다"로 시작하는 소설만큼 파격적이지는 않지만 나에게는 충격적인 사건이었다. 나는 어머니의 죽음 앞에서 무관심으로 일관했던 뫼르소가 아니었으므로 아파트 현관을 나와 찬 바람이 부는 거리를 걸으면서도 온몸이 부들부들 떨려왔다.

이럴 일인가, 나이 스물둘, 엄연히 주민등록증과 선거권이 있는 대한민국 성인인데 지난 몇 개월간 자유로운 생활을 살았다는 이유로 쫓겨날 일인가 말이다. 집에서 당장 나가라는 말을 들을 줄 꿈에도 생각하지 못한 나는 새벽 1시까지 아르바이트를 마치고 곤히 잠을 잤더랬다.

"고나현, 일어나. 얘기 좀 하자"

아빠의 시작은 그리 공격적이거나 난폭하지 않았다. 그러나 이야기는 길어졌고 나의 행동과 말에 불신을 가지기 시작한 시기는 수개월 전으로 거슬러 올라갔고 목소리는 커졌으며 감정의 수위는 점점 상승했다.

그러니 결론은,

"삶의 우선순위가 바뀌어 행동하는 너를 더 이상 봐줄 수 없으니 집을 나가 네 마음대로 살아라"였다.

집을 나가는 것, 그러니까 '독립'이라는 것 말이다. 출가도 아니고 가출도 아니고 내 발로 내가 집을 나가는 것, 국민교육헌장에도 명시돼 있는, 안으로는 자주독립의 자세를 확립하는 것. 그런 독립을 꿈꾸어 왔었다. 그러면 얼마나 행복할 것인가 상상만 해도 기분이 좋았다. 그런데 이것은 쫓겨난 거다. 자다가 날벼락을 맞은 것이다. 어떻게 이럴 수가 있나. 게다가 내일부터 기말고사 일정이 시작된다. 심지어 겨울이다. 이게 맞는 일인가.

완전한 나의 불찰이었다. 아빠의 성격, 성향, 감정 곡선 등을 간과한 나의 잘못이다. 아빠의 말대로 눈치가 없었던 거다. 걱정 인형이 하나둘씩 아빠의 제한된 머릿속으로 쑤셔 넣어지고 쌓여가는 속도를 가늠해서 내 자유의 총량을 조절했어야 했다. 부피가 줄어들수록 압력은 상승한다는 보일의 법칙을 잊지 말았어야 했다. 그러므로 아빠의 폭발은 예견된 것이었고 집에서 쫓겨날 일은 예고된 것이나 마찬가지였다. '유교대디' 아니랄까 봐, 치!

이럴 때는 삼십육계가 최고의 책략이다. 맞서봐야 계란으로 바위 치기다. 이 판의 주도권은 절대적으로 아빠에게 있다. 경제권을 쥐고 있음을 명심해야 한다. 일단 후퇴를 결정하고 집을 나왔으나 갈 곳은 딱히 없었다. 바람은 차고 배는 고프고 시험을 위해 공부는 해야 하는데 졸지에 나라 잃은 백성 꼴이 되어버렸다. 참담하고 비참했다. 내가 이처럼 불쌍하게 느껴지기는 처음이었다. 이런 심정으로 눈물겨운 후회를 철저히 하게 되는 것, 이것이 아빠의 큰 그림이었다면 반은 성공한 셈이었다.

이런 기분과 우울한 심정으로 아는 지인의 도움을 구하는 것은 내 자존심이 허락하지 않았다. 카페에 앉아 급박한 공부를 마저 하고 학교 근처 모텔을 찾아 들어갔다. 나에게는 안정과 휴식과 생각할 시간이 필요했다. 누구에게도 지금의 처지를 들켜서는 안 되었다. 나에게 이런 험한 일이 일어나고 있다는 것을 그 누구도 몰라야 했다. 밤은 그 어느 때보다 길었고 생각하면 할수록 생각의 끝은 꼬리에 꼬리를 물었다. 그러나 끝이 길어서는 해결점을 찾기 더더욱 힘들 것이었다.

아빠에게 메시지를 남겼다. 오랜 고민 끝에 보낸 자숙의 글이었으나 30% 정도는 작위적인 것이었다. 내 마음속에서는 '착한 나'와 '나쁜 나'가 계속 부딪히며 싸우고 있었기 때문이었다.

- 내 생활이 다소 자유분방했기로서니 그렇게 상처 주는 말을 쏟아내며 내쫓을 일이야?
- 몇 달간 좀 심하긴 했지. 술도 많이 마시고 친구들과 어울려 집에도 안 들어갔잖아. 연락도 제대로 안 한 날도 있었잖아.
- 그렇다고 내가 나쁜 짓을 했냐? 친구들과 어울리는 시간이 좋았을 뿐이었잖아. 학교도 빠지지 않았고 아르바이트를 해서 용돈도 벌어 썼다고.

─ 학생으로서 공부에 소홀했던 건 사실이잖아. 나중을 위해 계획하고 투자하는 시간도 상대적으로 적었어. 마치 미래가 없는 사람처럼, 지금만 있는 사람처럼 굴었잖아.

─ 그건 오해야. 내게도 미래는 중요하다고. 단지 교환학생으로 미국에서 생활했던 5개월이 정말 자유로웠다는 거야. 혼자서 하루하루를 계획하고 생활하고 책임감 있게 살아내는 일에 성취감도 들었지. 내가 나를 뿌듯해할 수 있는 시간이었어. 이제 나도 내 일은 내가 알아서 할 수 있다는 얘기야.

─ 그건 좀 다른 얘기인 것 같아. 네 일을 멋지게 해내는 것의 자유 내지는 자율과 네가 지켜야 하는 것, 함께 사는 가족들에 대한 배려에 대한 예의는 다른 것이잖아.

─ 내게도 넘지 말아야 하는 선에 대한 개념은 있어. 가족은 역시 내게는 소중하고……. 하여튼 나는 좀 자유롭고 싶어. 가끔은 나와 내 미래가 답답하게 느껴지거든. 그냥 이겨내고 싶은 거라고. 그뿐이야.

─ 그럼, 누가 봐도 네 행동이나 말, 생활들에 신뢰가 묻어나야 한다는 거야. 그래야 너를 믿고 기다려 줄 수 있는 거잖아.

─ 그럴까? 갈 길이 참 멀기만 하네…….

내 메시지에 대한 아빠의 답은 자정을 넘어 새벽 1시쯤에 왔다.

아빠도 잠을 설치고 있는 모양이었다. 그런데 톡 내용이……. 하, 이건 또 뭐지? 손하트를 한 '내 마음' 이모티콘에, "아침에는 화내서 미안하다. 힘내고 오늘 시험 잘 봐라"라는 메시지였다. 이건 분명 화해를 청하는 내용인데 나, 지금 울어야 돼? 웃어야 돼? 사람 마음이 이렇게 아침저녁으로 다를 수 있다고? 너를 사형에 처하고 말겠노라 으름장 놓을 때는 언제고 판결은 무죄라고? 이런 솜방망이 처벌이 어디 있느냐고. 세상에 '허무'라는 말을 표현하라면 이보다 더 적절한 경우는 없을 것이었다.

그런데 참, 사람 마음이 얼마나 간사한지. 집 밖의 고독한 생활이 2주쯤은 가겠지 하며 근심 가득이었는데 백기가 걸린 것을 확인하고 나니 집 밖의 자유로운 생활을 더 누리다 들어가고 싶어진 거다. 나는 이미 분노의 5단계(Five Stages of Grief) 즉, 부정(Denial) → 분노(Anger) → 우울(Depression) → 타협(Bargaining) → 수용(Acceptance)을 거쳐 평온한 상태가 되었는데, 모든 것을 받아들이고 다시 시작하자 마음먹었는데. 머리를 자르고 한국 사람처럼 검은색으로 염색하려 미용실도 예약해 놓았는데……. 하늘에 계신 그 어느 분은 나를 또다시 시험에 들게 하심이로다.

어머니에게 전화가 걸려 왔다. 그 목소리 속에 숨겨진 걱정과 불안이 그대로 전해졌다. "아무것도 안 먹고 지내는 거 아니냐?" 한 끼도 제대로 못 드셨다고 걱정하시는 그 목소리에 죄책감이 밀려왔다. 사실, 모텔에서의 생활은 좋기도 했지만, 위생 상태는 정말 말할 수 없이 형편없었다. 그 덕분에 피부는 엉망이 되어버렸다. 엄마를 걱정시키는 내가 너무 미워졌다.

쫓겨난 지 일주일 후, 마침내 나는 집에 돌아왔다. 항상 자유를 꿈꾸며, 혼자만의 시간을 즐기고 싶어 했는데, 막상 집에 돌아오니 이 공간이 그렇게 안온할 수가 없었다. 가족과 함께 저녁을 먹으면서 그동안 잊고 있던 그리움이 온몸을 휘감았다. 그러나, 그 순간에도 대립하는 내 양가감정이여! 집에 돌아온 것이 기쁘긴 했지만, 자유를 놓지 못하는 내 마음은 여전히 내 안에서 요동치고 있었다. 지조도 없고 일관성도 없는 이 요망한 존재 같으니라고…….

집에서 '팽'당한, 웃픈 사건이었다. 그러나 지금 다시 돌아보니, 내가 찾고자 했던 자유가 과연 내가 원했던 자유였는지 잘 모르겠다. 자유는 분명 소중하지만, 때로는 그 자유가 고립과 외로움을 동반할 때가 있다는 것도 알게 되었다. 그래서 나는 궁금하다. 앞으로 내 인생은 어떻게 흘러갈까? 아마 나는 계속 자유와 안정 사이에서 방황할지도 모른다. 그 2가지는 어쩌면 내 인생의 두 축이 될지도 모르겠다.

삼일절의 독립 만세처럼 외쳐본다. "독립 만세, 만세, 만세……"

삼일절의 독립 만세가 울려 퍼진 그 순간처럼, 나 역시 내 삶을 온전히 독립시키고 싶다. 타인의 기대나 규칙에 얽매이지 않고, 나만의 길을 걸으며, 나만의 소리로 외칠 수 있는 삶을 꿈꾼다. 독립, 만세!

                                                              고나현

자유로운 영혼의 소유자, 고나현입니다.
'진성무염(眞性無染, 참된 성품은 물들지 않는다)'이라는 가훈대로
오늘도 열심히 착하게 살려고 노력하고 있습니다.

# 쌍둥이입니다만
# 다릅니다

◇ 김은희

"쌍둥이예요?" 열 명 중 아홉 명은 동생과 나를 처음 보면 이렇게 묻는다. 우리는 이란성 쌍둥이지만, 많은 사람이 우리를 보고 쌍둥이냐고 궁금해한다. "어떻게 아셨나요?"라고 물으면, 마치 당연하다는 듯이 "똑같이 생겼어요"라고 대답한다. 때때로 이란성이라고 하면 믿지 않는 사람도 있고, 신기해하는 사람들도 많았다. 하지만 나는 동생과 우리가 꼭 닮았다고 생각하지 않기에 이런 반응이 의아할 때가 많다. 이제는 "이란성이지만 조금 닮았어요"라고 설명하는 게 익숙해졌다. 심지어 외모뿐만 아니라 목소리도 똑같다는 말을 자주 듣는다. 동생의 휴대전화로 걸려 온 전화를 내가 받았을 때도 상대방이 눈치채지 못하고 동생에게 할 이야기를 나에게 한 적도 있었다. 동생에게 전화를 넘겨줘도 한참 동안 바뀐 줄도 모르고 대화를 이어가기도 했다.

사람들이 우리를 헷갈려 하지만, 정작 우리는 서로 다르게 생겼다고 생각한다. 쌍둥이라서 그런지 주변에 유독 쌍둥이들이 많이 보였는데, 지금까지 만난 쌍둥이만 해도 10쌍이 넘는다. 대부분 일란성 쌍둥이였고, 이란성은 드물었는데, 그들을 만나면서 '똑같이 생겼다는 건 이런 걸 말하는구나' 하고 느꼈다. 우리는 닮긴 했지만, 키와 체격도 내가 조금 더 크고, 말투와 목소리도 다르다고 생각한다. 그래서 사람들이 우리를 헷갈려 하는 것이 신기하기만 했다.

중고등학교 시절, 쌍둥이들은 같은 반에 배정해 주기도 했지만, 보통은 다른 반이 되었다. 처음에는 다른 반이었고, 다음 해에는 같은 반을 원하느냐는 질문을 하시고 배정을 해주셨다. 같은 반이 되었을 때, 동생은 1분단, 나는 2분단 대각선 자리에 앉았던 적이 있었다. 첫 주 수업 동안 선생님들은 우리를 번갈아 보며 당황하시다가, 쌍둥이라는 사실을 알고 나서야 "진짜 닮았다"라며 헷갈린다고 하셨다. 다른 반일 때는 더했다. 동생이 1반, 내가 3반이었을 때, 수업하러 들어오신 선생님들이 나를 보고 "너 1반에 있지 않았니?"라며 갸우뚱하시곤 했다. 내가 "그 친구는 제 쌍둥이 동생이에요"라고 대답하면, 다들 신기해하며 웃으셨다.

학기 초에는 친구들도 우리를 헷갈려 했고, 종종 동생의 이름으로 불렸다. 유치원 때부터 늘 있던 일이었기에 처음에는 그저 웃겼다. 동생이 한 과목의 부장을 맡았을 때, 담당 선생님께서 가끔 동생의 반이 아닌 우리 반에 오셔서 나를 동생으로 착각하고 이야기를 전해주신 적도 있었다. 처음엔 가까이에서 보고도 몰라보시는 게 재미있었지만, 시간이 지나도 이름을 헷갈리는 일이 반복되자 '내 이름을 아는 사람이 없는 걸까?' 하는 생각이 들었다. 동생도 같은 생각을 했다. 어느 순간부터는 사람들이 헷갈려 하는 게 지쳐서 아예 나인 척한 적도 있다고 했다. 사실 나도 그런 적이 있었다.

사람들이 계속 헷갈려 해서 20살이 되자 나는 앞머리를 자르고 탈색을 하며 스타일을 바꾸었다. 옷도 동생과 다른 색과 디자인을 입으려 했고, 비슷한 옷을 입으면 갈아입기도 했다. 머리를 하면서 '이제는 우리를 구별하지 않을까?'라는 기대를 품었지만, 편의점에 가자마자 깨졌다. 편의점 아주머니께서 나를 보자마자 "쌍둥이냐?"고 물으셨기 때문이다.

사람들이 나를 동생과 착각하는 게 웃기면서도, 한편으로는 나라는 존재가 사라지는 것 같다는 느낌을 받았다. 부모님조차도 가끔 우리 이름을 바꿔 부르실 때가 있었다. 부모님은 우리를 구별해 주실 거라고 생각했는데, 이름을 혼동하시는 걸 보면 속상하기도 했다. 물론 단순한 실수일 수 있지만, 그래도 내 이름이 틀렸을 때는 서운한 감정이 드는 건 어쩔 수 없었다. 다행히 부모님께서 내가 속상한 표정을 지으면 금방 눈치채고 내 이름을 다시 불러주셔서 금세 기분이 풀렸다.

요즘은 이런 서운함을 느끼기도 하지만, 다른 생각도 든다. 동생과 내가 닮았다고 하면 서운하면서도, 정작 누군가 정확히 구분해 내면 또 서운해진다. 기욤을 보며 "우리 좀 닮은 것 같아"라고 이야기할 때도 있고, 동생의 휴대전화 얼굴 인식이 내 얼굴로 풀릴 때면 짜증 내면서도 웃곤 한다. "똑같이 생겼다"는 말을 들으면 서운하면서도, 한편으로는 쌍둥이라는 특별한 존재를 알아봐 주는 것 같아 기쁘기도 하다.

심리학에서는 이런 감정을 '양가감정'이라고 한다. 특정 대상에 대해 상반된 감정을 동시에 느끼는 심리적 상태다. 유치원부터 대학까지, 많은 사람이 우리를 헷갈려 하고 이름을 틀리게 불러서 서운하기도 했지만, 이제는 새로운 사람을 만날 때 '우리를 구분할 수 있을까?' 하는 기대를 하기도 한다. 누군가 착각하면 서운하고, 반대로 바로 구분하면 또 서운한 이 복잡한 감정이 이상하면서도 익숙해졌다.

이전에는 비슷한 옷을 일부러 피했지만, 이제는 오히려 맞춰 입기도 한다. 우리는 다르지만, 쌍둥이라는 이유로 서로를 더욱 특별하게 여긴다. 나와 닮은 사람이 곁에 있다는 것, 그리고 그 덕분에 평범한 사람들은 경험하지 못할 특별한 순간들을 겪을 수 있다는 것이 참 소중하다.

김은희

안녕하세요. 저는 김은희입니다.
3분 먼저 태어난 이란성 쌍둥이 언니입니다.
사람들이 동생과 헷갈려 했던 다양한 경험들을 바탕으로
쌍둥이이기에 느낀 감정들을 이 글에 담아보았습니다.

# 시험이 뭐길래

◇ 김미진

고등학교 1학년 17살. 기말고사를 앞두고 지독한 감기에 걸렸다. 병원에 가고 싶지만, 기말고사를 잘 치고 싶은 마음에 아픈 몸을 이끌고 학원에 갔다. 내가 다니는 학원은 규모가 작은 편이다. 같은 학교 학생들끼리 같은 수업을 듣는다. 학원이 작은 편이고 친구들도 다 같은 학교 학생들이라는 점을 생각하며 아랫글을 읽으면 독자 여러분들도 나의 17살을 더 잘 느낄 수 있을 것이다.

그날은 선생님이 자습 시간을 주셨다. 우리는 가까이 모여 앉아 모르는 문제를 서로 물어보면서 공부했다. 나는 문제를 제일 잘 푸는 친구에게 내가 모르는 문제를 알려달라고 부탁했다. 그 친구는 잠시만 기다려 달라고 했고 나는 그동안 다른 문제를 풀고 있었다. 다른 문제를 풀고 고개를 들었을 때 나는 울어버렸다. 그 이유는 나를 도와주기로 한 친구가 다른 친구를 도와주고 있었기 때문이다. '친구가 내 말을 무시한 건가?', '내 부탁을 잊었나?' 등 별의별 생각이 다 들었다. 그 당시 몸이 너무 안 좋은 상태로 학원에 가야 하는 내 처지가 너무 속상했는데 내 부탁이 거절당한 것처럼 느껴지니 서러운 감정이 더해져서 울음이 터졌다. 내가 우니까 모든 친구들이 당황했다. 나는 그 친구에게 나를 도와주기로 해놓고 왜 다른 친구를 봐주고 있냐고 따지듯이 물었다. 알고 보니 나보다 먼저 부탁한 친구가 있었고, 그 친구를 도와준 후 나에게 오려고 했다는 친구의 말을 듣고 나는 내 자신이 너무 창피했다. 내 울음소리에 선생님께서 오시더니 무슨 일이냐고 물었다. 나는 엉엉 울면서 "선생님 몸이 너무 아파요. 집에 갈래요"라고 말했다. 선생님께서는 나를 걱정하더니 얼른 집에 가라고 하셨다. 몸이 안 좋아서 집에 가고 싶은 마음도 있었지만, 너무 창피해서 그 상황을 피하고 싶은 마음이 더 컸다. 정확히 나는 집에 도망치듯이 갔다.

집에 도착해서는 아무 생각도 안 하고 싶었다. 내 잘못이 분명하지만 내 상태가 안 좋다는 이유로 그 상황을 합리화하고 싶었다. 한숨 자고 일어나니 몸은 여전히 안 좋지만 머리는 맑아졌다. 일어나서 든 생각이 '내가 미쳤었구나'였다. 잘 알지도 못한 상태로 친구에게 따지듯이 화를 내고 울다니. 평생 흑역사로 남을 일이다. 생각해 보면 울 일도 아니었다. 생각을 마치고 그 친구에게 사과하기 위해 휴대폰을 켰다. 내가 자는 사이 그 친구에게 연락이 와 있었다. 내용을 보니 자신이 먼저 정확하게 누구를 도와준 후 너를 도와주겠다 말을 해야 했는데 그러지 않아서 오해가 생긴 것 같다고 사과하는 내용이었다. 친구는 "아프지 말고 얼른 나아"라는 말로 긴 사과글을 마쳤다. 친구의 연락을 읽고 든 생각은 '아. 내일 학교 가서 얼굴 어떻게 보지'였다. 내 자신이 너무 부끄러웠다. 사과해야 할 사람은 나인데 사과받아야 할 친구가 먼저 사과를 하다니. 미안한 마음에 오히려 내가 더 미안하고 고맙다는 연락을 재빨리 남겼다.

이 일을 겪고 난 이후로 나는 몇 가지 생각을 바꿨다. 첫 번째, 감정을 먼저 표출하지 말자. 오해가 생길 수 있는 상황이라면 상대방의 말을 듣거나 내가 겪은 상황이 맞는지 상대에게 먼저 물어봐 되도록 오해가 생기지 않게 하자. 두 번째, 몸이 아프다면 먼저 병원에 가자. 어떠한 일정이 있더라도 병원에 가서 약을 타 먹자. 아픈 상태로 또 어떤 부끄러운 일이 생길지도 모르니 무조건 병원에 가자.

김미진

사람은 누구나 감정을 느끼는데 혼자만 감정을 느끼고 표현하는 방식이 유독 힘들고 서툴러서 심리학에 흥미를 갖게 되었습니다. 현재 심리학을 열심히 배우고 있지만 아직까지도 사람의 마음을 탐구하는 학문이 어렵게 느껴집니다. 그래도 배울수록 스스로에 대해 돌아보는 시간도 많아지고, '나는 누구인가?'에 대한 답을 조금씩 찾아가고 있습니다. 저는 심리학이라는 학문과 친해지고 있는 대학생입니다.

# 당신도 혹시 '쎄믈리에'?

◇ 오채림

'쎄믈리에'라는 신조어가 있다. 와인을 관리하고 추천하는 사람을 가리키는 프랑스어 '소믈리에(Sommelier)'에 쎄한 느낌을 감지한다는 의미가 더해져 '쎄믈리에'가 되었다. 즉 쎄믈리에란, 쎄한 사람을 잘 탐지하는 사람을 의미하는 것이다. 누구나 한 번쯤 타인으로부터 쎄하다는 느낌을 받은 적이 있을 수 있다. 누군가는 쎄한 느낌을 마냥 무시할 것만이 아니라 개인이 살아오며 축적한 빅데이터로써 간주해야 한다고도 말한다. 과연 우리는 우리의 쎄한 느낌을 믿어도 될까? 22살이 되던 해에 나는 내 친구 다혜를 처음 만났다. 다혜는 생글하게 웃으며 나에게 인사를 건넸다. 그 웃음이 너무나 티 없이 맑아 나까지도 맑아지는 느낌이었다. 다혜와는 말이 잘 통해 빠르게 친해졌다. 다혜는 말수가 없는 나와 달리 말하는 걸 좋아했다. 우리 대화의 80%는 다혜 목소리로 이루어진다. 하지만 그 말들은 전혀 질리지 않고 항상 나를 재밌게 해주었다. 다혜는 항상 밝고 맑아서 아무리 기분이 나쁜 날에도 다혜랑 이야기를 하고 나면 괜찮아진다. 그런데 어느 날, 다혜가 다혜에게서 한 번도 보지 못한 표정을 지으며 고민을 털어놓았다. 며칠 전에 친구를 통해 자신의 험담을 전해 들었다고 했다. 누군가 다혜가 쎄한 느낌이 든다며 거리를 두어야겠다고 했다는 것이다. 쎄한 느낌이 드는 것은 다혜가 자기 자랑을 너무 많이 한다는 이유에서였다. 사실 나 또한 다혜와 친해진 초반에는 다혜의 이야기들이 조금 부담스럽기도 했다. 하지만, 다혜가 하는 자기 자랑이 듣기 나쁜 것은 아니었다. 왜냐하면 다혜가 하는 자랑은 돈 자랑, 인맥 자랑과 같은 것들이 아니라 주로 자신이 시험을 잘 본 이야기, 교수님께 칭찬을 들은 이야기, 어머니께 좋은 선물을 받은 이야기와 같은 것들이었기 때문이다. 이런 이야기들을 하는 빈도가 남들과 비교했을 때 상대적으로 많기는 했지만, 그렇다고 다혜가 이런 이야기들을 눈치 없이 아무 때나 말하는 것은 아니었다. 다혜에게 나는 듣는 사람에 따라서는 혹은 듣는 사람이 처한 상황에 따라서는 기분이 나빴을 수 있을 것 같다고 조심스레 말했다. 내 대답에 다혜는 꽤 놀란 듯이 보였다. 다혜는 그게 어떻게 해서 기분을 나쁘게 할 수 있는 거냐고 진지하게 물었다. 그러고서는 자신이 하루 동안 기분 좋았던 경험을 상대방에게 공유하는 게 상대방의 기분을 상하게 할 수도 있다는 것을 처음 알았다고 했다. 정말로 처음 안 듯한 눈치였다. 자신은 그냥 기분이 좋은 이야기를 했던 것뿐이라고, 기분이 좋은 이야기를 하면 상대방의 기분도 당연히 좋아질 것이라 생각했다고 말했다. 다혜의 대답에 나 역시 적잖게 놀랐다. 다혜가 너무나도 당연한 이야기를 해서였다. 그런데 나는 그 당연한 생각을 여태껏 하지 못했던 것이다. 부끄럽지만 나는 다혜를 함부로 가엾이 여기기도 했다. 다혜에게 어떠한 결핍이 있을 수 있다고 생각을 했기 때문이다. 그러한 결핍을 채우려 타인으로부터 인정을 받으려 하고, 그러한 이야기를 하는 것이라 생각했다. 나는 다혜를 좋아했기에 우습게도 다혜의 그런 이야기를 더 열심히 들어주려 노력한 적도 있었다.

# 나는
# 예스맨입니다

◇ 김혜수

거절을 못 해 하기 싫은 활동을 하게 된 적 있는가? 무엇을 싫어하고 좋아하는지 말할 수 없던 적이 있는가? 이 물음에 "Yes"라고 대답한다면 예스맨이던 내 이야기가 도움이 되길 바란다.

과거의 나는 전형적인 예스맨이었다. "그걸 얘한테 물어보면 어떡해. 좋다고만 할 텐데"라는 말을 듣는 사람이었다. 그 시절 난 주로 타인 의견을 수용하는 입장이었다. 남의 의견이나 물음에 대한 반응으로 대부분 "Yes"라고 대답했다. 인간관계에서 남의 의견에 대한 긍정적인 반응이 최선이라고 생각했다. 그 당시 나는 "No"라는 대답을 갈등의 불씨로 여겼다. 갈등이 없는 관계를 이

상적이라고 생각했고 갈등의 원인인 반대 의견 말하기를 금기시해왔다.

꽤 오랜 시간 예스맨이던 내게 변화의 계기가 된 두 문장이 있다. "너는 뭐든 괜찮다고만 하니까. 나한테 선 긋는 거 같아", "너에게 난 그렇게 소중한 사람이 아닌 거 같더라"이다. 평범한 어느 날, 친한 친구와 술자리에서 들은 말이다. 나는 이 말에 어떠한 반응도 할 수 없었다. 그날 나눈 수없이 많은 대화 중 두 문장만 머릿속을 맴돌았다. 친구의 말이 도화선이 되어 많은 생각들이 몰아쳤다. '친구에게 맞추려 한 배려가 오히려 서운하게 한 건가', '소중한 친구의 의견이라 뭐든 괜찮았었는데……', '그렇다면 이 관계는 이대로 괜찮은가' 하는 의문이 뒤따랐다. 고민 끝에 좋아하는 친구와 지속적인 관계를 위해선 이대로는 안 되겠다 느꼈고 변화를 다짐했다. 먼저 솔직한 속마음을 말해줘서 고맙다는 인사와 앞으로 변화에 대한 다짐을 꾹 눌러 담은 메시지를 친구에게 전달했다. 돌아온 답장은 "미안, 나 필름 끊겨서 하나도 기억 안 나"였다. 변화의 계기가 된 중요한 사건이 나만 아는 이야기가 되어 허탈한 웃음이 나왔다. 나 혼자만 진지한 상황에 얼굴이 붉어지기도 했다. 그날 무슨 일이 있었냐는 물음에 "별일 아니었어"라고 대답했다. 그날은 만취한 친구의 또 다른 자아와 둘만 아는 에피소드로 남기고 싶었다. 그걸로도 충분한 가치가 있었기 때문이다.

　만족스럽고 지속적인 대인관계를 위해서는 자기 노출에 따른 친밀감이 필요하다고 한다. 싫어하고 좋아하는 것, 자신의 꿈과 걱정, 창피한 순간 등 자신에 대한 사소한 정보를 상대에게 드러내는 것이다. 예스맨이던 난 항상 친절한 사람으로 남고 싶었고 갈등 없는 관계라는 비현실적 목표를 갖고 있어 'Yes'라는 방패를 만들었다. 'Yes'라는 방패 뒤에 숨어 나를 드러내지 않고 있었다. 친구와 일화를 통해 갈등 없는 관계는 없다는 사실과 소중한 관계를 위해 방패를 허물고 스스로를 드러내야 한다고 느꼈다.

　성찰을 통해 변화를 다짐했지만 나를 공유하는 것은 쉽지 않았다. 우선 무엇을 공유할 수 있는가에 대한 어려움이 있었다. 평소 인간관계에서 상대의 음식 취향, 취미, 좋아하는 음악은 쉽게 대답할 수 있지만 정작 내가 무엇을 싫어하고 좋아하는지는 모르는 사람이었다. 이를 극복하기 위해 스스로에게 '왜'라는 질문을 던져 나의 색을 찾는 노력을 했다. 노력 중 하나로 대답할 때 짧게라도 이유를 덧붙이는 방법을 사용한다. 내게는 "점심 뭐 먹고 싶어?"가 가장 어려운 질문이었다. 과거의 난 아무거나 다 괜찮다고 대답하거나 상대가 먹고 싶은 메뉴를 되물어 봤다. 지금은 여기에 의식적으로 이유를 덧붙인다. "아무거나 좋은데, 어제 칼국수 먹어서 면 말고 밥 먹고 싶어"라든가 "잔치국수 먹으러 갈래?" 질문엔 "좋아! 날씨 추운데 잔치국수 좋다"라고 대답한다. 별거 아니지만 작은 이유를 붙이면 내가 몰랐던 나를 알아갈 수 있다. 나는 같은 메뉴를 연속으로 먹기 싫어하고 추운 날에 잔치국수를 좋아하는 사람이다. 누군가에게는 쓸모없는 정보로 여겨질 개인의 취향은 친밀감에 있어 중요한 정보로 탈바꿈한다. 개인에 대한 사소한 사실들을 공유할 때 친밀감을 경험할 수 있다. 예를 들어 좋아하는 연예인의 인터뷰나 SNS 라이브 방송에서 그들의 개인적이고 사소한 정보를 알게 되면 친근감과 인간미를 느끼게 되지 않은가? 나의 경우 좋아하는 배구 선수가 호떡보다 붕어빵을 좋아한다는 사실을 알았을 때 친밀감을 경험할 수 있었다.

스스로를 알아가는 과정은 깊은 친밀감 형성 이외에 이점이 있다. 이전에는 "No"라고 말하기가 어려웠고 이를 갈등의 불씨라고 여겼다. 나의 취향을 알아가면서 싫어하는 것이 명확해지자 반대 의견을 말하고자 하는 용기가 생겼다. 과거의 우려와 달리 상대 의견에 반대를 말하더라도 무조건 갈등이 일어나지 않았다. 오히려 대화를 통한 타협을 경험할 수 있었다. 이유가 있는 "No"는 상대에 대한 공격적인 반응이 아니라 내가 가진 의견의 공유임을 알 수 있었다. 이후 거절이 편해졌다. 이처럼 나를 이해하고 노출시키는 행동은 삶의 긍정적인 변화를 가져온다.

모두가 같은 색을 가지고 있다면 다채로운 색채의 그림을 그릴 수 없다. 각자가 가진 다양한 색이 모여야 아름다운 그림을 그릴 수 있다. 물감에 섞이는 무색의 물이 아닌 나만의 색을 찾고 다른 물감과 섞이며 다채로운 세상을 만들어 나갈 수 있는 삶을 살아가기를 바란다.

## 김혜수

현재 심리학을 전공하며 사람들의 행동과 마음을 이해하고 이를 과학적으로 응용하는 방법을 배우고 있는 대학생입니다. 심리학적 지식을 활용해 타인에게 실질적인 도움을 줄 수 있다는 점에 매력을 느껴 이 길을 선택하게 되었습니다. 앞으로도 배움과 경험을 통해 성장하며, 긍정적인 변화를 이끌 수 있는 전문가로 나아가고자 합니다.

# 첫 만남은
# 너무 어려워

◇ 전효주

새 학기는 언제나 긴장과 떨림을 준다. 특히 새로운 학년으로 올라가는 게 아니라 새로운 학교로 가게 되면 더 심해진다. 어떤 사람들은 새 친구를 사귈 생각에 설렐지도 모른다. 나 같은 경우는 정반대이다. 어렸을 때부터 굉장히 소심한 성격이었던 나는 친구를 사귀는 게 쉬운 일이 아니었다. 모르는 누군가에게 먼저 다가가서 말을 건네는 것부터가 참 어려웠다.

이제 막 중학교를 졸업하고 고등학교로 입학을 앞둔 시기였다. 당시 내가 다니던 중학교 바로 근처에 고등학교가 하나 있었다. 나는 그곳을 갈 예정이었고 내 친구들도 반 이상은 나와 같은 학교에 갔다. 거리 때문인지 그 고등학교에 입학하는 신입생 중 우리 중학교 학생의 비율이 가장 높았다. 개학이 다가오기 전, 대망의 반 배정이 나를 기다리고 있었다. 매년 겪어온 일이지만 새로운 학교로 가는 만큼 더 떨렸던 기억이 있다. 이제까지 반 배정 운은 그다지 좋지 못했기에 불안한 마음 또한 있었다. 결과를 확인해 보니 아니나 다를까, 우리 반에는 다른 중학교에서 온 학생들이 대부분이었다. 심지어 몇 안 되는 같은 중학교 출신 사람들도 전혀 친분이 없고 얼굴이나 이름만 아는 정도였다. 주위에 나만큼 반에 친한 사람이 없는 경우는 보지 못했다. 그야말로 반 배정이 완전히 망했다고 느낀 순간이었다.

한가득 걱정을 안고 간 첫날, 난 이미 다른 학교를 나온 친구들끼리 서로 친한 모습을 보고 더 막막해졌다. 머릿속으로는 혼자 다닐 수 없으니 새로운 친구를 사귀어야 한다는 것을 알았다. 하지만 차마 처음 보는 낯선 사람에게 다가갈 용기가 없었다. 여태까지 사귄 친구들도 항상 그들이 먼저 나에게 말을 걸어와 친해지게 되었다. 용기도 없을뿐더러 어떻게 말을 꺼내야 할지조차 몰랐던 거다. 나는 마침 가장 친한 친구가 바로 옆 반이어서 쉬는 시간에는 반을 자주 나갔다. 매번 나가기가 귀찮을 때면 그냥 책상에 엎드려서 자곤 했다. 개학하고 약 일주일 정도는 반에서 거의 혼자 지냈던 것 같다. 그러던 어느 날 내 옆자리였던 한 친구가 나에게 먼저 말을 걸어왔다. 전부터 말을 걸고 싶었는데 고민하다가 용기를 냈다고 했다. 나는 생각도 하지 못했는데 먼저 다가와 주어서 정말 고마웠다. 반에서 처음으로 누군가와 사적인 대화를 나누고 전화번호도 교환했던 날이었다. 그렇게 고등학교에서의 첫 번째 친구를 사귀었고, 점차 다른 친구들과도 친해졌다.

이후 친해진 친구들과 서로의 첫인상에 관한 이야기 주제가 나오게 되었다. 여기서 알게 된 어이없으면서도 나에겐 꽤 충격이었던 사실이 있다. 그들이 전부 공통으로 느낀 점이었다. 내가 매 쉬는 시간마다 반을 나가거나 엎드려 있는 모습만 봐서 나를 소위 노는 애라고 생각했다고 한다. 게다가 화장까지 진해서 인상이 조금 세 보였던 점도 한몫했다. 나는 이를 전혀 모르고 있다가 그때 처음 듣게 된 것이다. 내 행동이 그런 식으로 보일지 예상하지 못해서 왜 그렇게 오해했는지에 대한 황당함을 크게 느꼈다. 동시에 썩 유쾌한 기분은 아니었다. 어쨌든 나를 부정적으로 바라봤다는 사실이 신경 쓰일 수밖에 없었다. 이유를 듣고 그럴 수 있겠다는 생각은 들었지만, 완전히 이해하지 못했다.

사실 첫인상에 관해서 이런 비슷한 결의 오해 아닌 오해를 종종 받는다. 처음에 단순히 겉모습만 봤을 때 차가운 이미지라는 말을 많이 듣는다. 직접 대화를 해보거나 조금 친해지고 나면 첫인상과 다르다는 평가를 받는 편이다. 나의 내성적이고 낯을 많이 가리는 성격에서 나오는 행동 때문에 그렇게 느끼는 것 같다. 심지어는 어느 정도 친분이 생긴 후에도 벽이 있다는 소리를 듣는다. 정말 가까워지는 데 시간이 오래 걸리는 편이고, 친밀한 사이가 아니면 웬만해서 자기 노출을 하지 않기 때문일 것이다. 나의 이런 성격들이 남들에게 어떤 식으로 비치는지 인식하고 있다. 알고는 있지만 이런 오해에 대해 속으로 조금은 씁쓸한 감정이 들기도 한다. 나의 진짜 의도와는 다르게 해석된다는 이유에서다. 그래서 얘기를 들었던 당시에 조금 웃기면서도 한편으로는 억울한 느낌이 없지 않았다. 확실히 내가 어떤 상황에서 한 행동이 남들에겐 아예 다르게 보일 수 있다는 사실을 체감했다. 나도 누군가를 보고 무의식적으로 임의적인 판단을 해왔을 수도 있겠다고 돌아보기도 했다.

그때까지만 해도 오해는 타인들이 내 의도와 완전히 다른 방향으로 잘못 해석하는 데서 기인한다고 생각했다. 그들이 가지는 어떤 편향이나 고정관념 등이 영향을 미쳤다고 말이다. 지금의 다른 관점으로 본다면 내 행동들이 오해를 유발하도록 했을지도 모른다는 생각이 든다. 오히려 스스로를 성향에 가두며 행동함으로써 타인들이 그렇게 느끼도록 만들었을 수 있다. 나는 내향적이기 때문에 절대 타인에게 먼저 다가가지 못한다고 무의식적으로 생각하고 행동했을 것이다. 어쩌면 내가 노력하지 않으면서 내심 누군가가 나에게 먼저 다가와 주길 바라고 있었던 게 아닐까. 타인이 가지는 오해들이 무조건 그들의 오류 때문만은 아닐지도 모른다.

사회심리학 용어 중 자기충족적 예언이라는 개념이 있다. 다른 유사한 용어로는 피그말리온 효과라고도 한다. 어떤 기대나 신념을 가짐으로써 실제 그 일이 일어나는 현상이라고 할 수 있다. 자기충족적 예언이 이루어지는 과정은 이러하다. 한 사람이 어떤 신념을 가지면 그에 맞는 행동을 한다. 그러면 타인들도 그 사람의 행동에 반응하면서 신념이 실현되는 것이다. 방향은 긍정적일 수도 부정적일 수도 있다. 나는 새 학기가 되어 친구를 사귀는 것에 대해 걱정하고 있었다. 이 걱정으로부터 친구를 사귀어야겠다는 기대가 아닌 '사귀지 못하면 어떡하지'라는 신념을 가졌다. 이후엔 다가가려는 노력보다 반을 벗어나는 회피적인 행동을 했다. 어떻게 보면 친구를 사귈 수 있는 환경을 차단한 셈이다. 그것을 보고 다른 사람들이 나에 대한 오해를 가지게 되었다고 볼 수 있다. 걱정은 현실이 된다는 말이 맞을지도 모르겠다. 결론적으로 친구를 사귀지 못한 것은 아니기에 실현되지는 않았다. 하지만 굉장히 유사한 과정이 작동했다고 본다. 만약 그 친구가 나에게 먼저 다가와 주지 않았더라면 정말 혼자 지냈을 수도 있겠다는 생각이 들기도 한다.

    사실 지금도 같은 상황이 닥친다면 다르게 행동할 자신이 있는지 확신하지 못한다. 여전히 나는 이 성격을 벗어나기 힘들다. 나로서는 그 상황에서 어쩔 수 없이 한 행동이었다고 결론 내리기로 했다. 다만, 나뿐만 아니라 타인들도 오해할 수밖에 없는 경우가 있다고 생각하게 되었다. 오해를 받지 않기 위해 나를 변화시키겠다는 다짐까진 굳이 하지 않으려고 한다. 얼마나 어려운 일인지 알기 때문이다. 그렇지만 이제는 어떤 오해를 받게 되더라도 마냥 속상해하는 대신 그대로 받아들일 수 있을 것 같다. 때로는 오해가 타인의 잘못만이 아니라 나의 행동이 영향을 미친 결과라고 생각해 보자. 자신을 한번 돌아봄으로써 우리는 그들이 왜 그런 생각을 갖게 되었는지 이해해 볼 수 있을 거다. 타인이 나에게 가진 오해를 통해 반대로 내가 타인을 이해하게 되는 경험을 할지도 모른다.

전효주

지독한 내향형 인간에 집순이다.
집에서 떡볶이나 시켜 먹고 고양이와 노는 것을 좋아한다.
나와 비슷한 성격을 가진 사람들이 공감할 수 있는 글이 되면 좋겠다.

# GROWTH

성숙함은 언제나 미숙함에서 싹튼다 _ 왕승준

포장된 나에게서 벗어나기 _ 송승리

하늘에서 잰 키는 나폴레옹이 제일 크다 _ 이채우

말해서 좋을 건 있다 _ 이승수

느려도 괜찮아 _ 성보경

게으른 완벽주의자 사칭주의 _ 이지현

겨울에는 털 실내화를 조심하자 _ 박소연

오해가 생겨도 풀 수만 있으면 오 예! _ 손수아

실패할 용기 _ 정원진

발자국 _ 이준현

PART 3

# 성숙함은 언제나 미숙함에서 싹튼다

## 성숙함은 언제나 미숙함에서 싹튼다

◇ 왕승준

열여덟 봄.

3교시와 4교시 사이 쉬는 시간.

커튼 사이로 드리우는 햇살.

책상에 걸터앉아 다리는 의자에 올린 채 힙합 노래를 들으며 머리를 비둘기처럼 까딱거리는 같은 반 동급생.

'중2병 냄새 심하게 나네……. 쟤랑 친해지지는 않겠다'

친구들이 보는 나의 첫인상이었다.

바야흐로 2018년, 내가 고등학교 2학년일 때의 이야기이다.

나는 당시 힙합에 빠져 있었다. 「쇼미더머니」라는 힙합 TV 쇼가 한창 유행했었다. 미디어의 영향 때문인지 나는 힙합이 멋지다고 생각했다. 항상 힙합을 들었고, 그런 내가 꽤 멋진 줄 알았다. 반항심 넘치는 마음에 직설적인 가사가 담긴 힙합 음악이 재미없는 학교 공부에서 도망칠 수 있는 탈출구였다고 생각했다. 스스로에게 심취해 버린 나머지 나도 TV에 나오는 가수나 래퍼들처럼 멋있고 싶었는지, 학교에서도 쉬는 시간만 되면 주절주절 랩을 하는 둥 추태를 부렸다.

지금 생각해 보면, 일종의 나르시시즘이 아니었을까 싶다. 특히 이런 내가 꽤 멋있다고 생각한 것이 그렇다. 나도 나를 주체할 수 없었다. 당시에는 '이런 자기애는 멋진 거야, 자신을 사랑할 줄 아는 건 좋은 거야'라는 생각에 무언가 한참 엇나갔다는 것을 인지하지 못했다.

그러다 문득 그런 나의 철없는 모습이 자각될 때면 부끄럼에 숨고 싶었고, 도망쳤다. 나의 모습을 직면할 용기가 나지 않았다. 도망치는 것은 부끄럽지만 도움이 되었다. 시간을 두고, 도망친 무언가로부터 멀어졌을 때, 그제야 비로소 도망쳐 온 것을 객관적으로 바라볼 수 있게 되었다. 나의 철없는 모습들은 분명 못났고, 찌질

했다. 창피해도 받아들일 수밖에 없다. 그마저도 나였기에.

창피했던 모습마저 받아들이고 나니, 그 시기는 나에게 큰 반면교사가 되어주었다.

그 시절의 나르시시즘은 일종의 방어기제였다.

시간이 조금 흐르고 차분히 나의 모든 행동을 복기해 보며 낸 결론이다. 당시 나는 미대 입시를 준비하고 있었는데, 그림도 공부도 만족스럽지 않았다. 그런 내가 못나 보여 스스로 나의 가치를 만들고 싶었다. 이 분야에서 내가 조금 못나 보여도 저 분야에서는 괜찮은 채로 남아 있고 싶은 마음이었다. 그러한 마음을 처음 경험해 보다 보니 대처가 미숙했다. 꼴불견인 모습들이기도 했고 그만큼 창피하기도 하다. 그래도 한편으로는 자연스러운 사춘기 청소년다운 경험이었다는 생각을 한다. 정도의 차이는 있겠지만, 누구나 이런 부끄러운 경험을 통해 다음 단계의 성숙함에 가까워지는 것은 자연의 이치인 것을 실감했다.

그 이후로는 다행히 엇나감에서 잘, 그리고 완전히 빠져나왔다. 성인이 되어 호르몬의 지배로부터 어느 정도 벗어나고 나니 성격도, 상황과 환경도 바뀌게 되었다. 무엇보다 그런 상황이나 환경에 대처하는 나의 마음가짐이 바뀌었다. 미성년자의 울타리를 벗어나 이런저런 경험을 하다 보니 자연스레 생긴 변화였다.

감성적이고 감상에 빠져 있기 좋아하던 나의 성격은 전보다 이성적이고 생산적인 활동을 추구하게 되었다. 더 정확하게는 감상에 빠질 여유가 없었다. 더 이상 나는 어리광을 부릴 나이가 아니고, 사회의 구성원 중 한 사람으로서 나의 책임을 다해야 할 나이이기에 변화를 받아들이고 더 멋있는 사람이 되고자 하였다. 어른이 되는 과정이었다.

청소년 시기에는 뭐든 처음이어서 작은 일에도 감정의 동요가 컸다. 친구들과 함께라면 무엇이든 해낼 수 있을 것 같았고, 무엇이든 될 수 있을 것 같았던 질풍노도의 시기였다. 현실보다는 이상에, 공부보다는 이리저리 흔들리는 내 마음에 집중하고 싶었다. 그럼에도 그때를 미워할 수만은 없다. 그때의 내가 있었기에 지금의 내가 있다. 이리저리 흔들려 보았기에 지금 덜 흔들릴 수 있다. 나의 성숙함은 언제나 미숙함에서 싹텄다.

여전히 그때가 부끄럽기는 하지만 그래도 이제는 마냥 싫은 것이 아닌 웃고 넘길 수 있는 재밌는 추억이 되었다. 당장 마음이 혼란스럽고 힘들어도 시간 지나 보면 별거 아니구나, 무엇하나에 너무 집착할 필요 없다는 것을 몸소 겪어보며 배웠다. 매 순간 부끄럽고 도망가고 싶었지만, 그 끝에는 이렇게 또 조금의 성숙함이 보상으로 남는다. 이런 우스운 기억 덕분에 삶이 풍성해진다고 느끼기도 한다.

창피한 흑역사인 나의 과거조차도 나였다는 것을 받아들이게 될 때, 다음 단계로 성장한 내가 되어 있을 것이다. 이 글을 읽는 당신도, 스스로 부끄러웠던 순간 또한 자신이었음을 받아들이고 성숙함에 한 발짝 더 다가설 수 있기를 바란다.

## 왕승준

25살 왕승준입니다. 사람의 마음에 대해서 알고 싶다는 생각에 심리학과에 진학하였는데요, 이 학문은 언제나 저의 흥미를 끕니다. 원고를 수차례 들여다보면서도 매번 제 마음상태에 대해 궁금해질 정도로 말입니다.

이렇게 전공수업을 통해 제 부끄러운 과거를 현재의 관점으로 글을 쓰게 되어 정말 기쁩니다. 앞으로도 이 책이 남아 추억할 수 있을 테니까요. 서툴지만 재밌게 읽어주셨으면 좋겠습니다.

# 포장된 나에게서 벗어나기

◇ 송승리

사람들은 나를 종종 야무지고, 강하고, 성실한 사람으로 본다. 이런 수식어는 나를 기분 좋게 만들기도 하지만, 때때로 내가 꼭 그렇게 살아야만 할 것 같은 강박적인 '프레임'이 되기도 한다. 프레임이란, '세상을 바라보는 마음의 창'을 말하는데 여기서는 '나를 바라보는 타인의 창'이라는 의미로 사용하겠다.

나는 부모님이 교회를 다니셔서 모태신앙으로 자랐났고, 기질적으로 모험을 싫어하고, 반항하기를 두려워하는 아이였다. 자연스럽게 어른들의 말을 잘 따르는 아이로 성장했고, 20년간 교회 어른, 선생님들의 지도 아래 성실하게 신앙심을 키웠다. 크지 않은 교회를 다닌 나는, 그곳에서 모두의 딸 같은 존재였다. 부모님 말씀 잘 듣는 아이, 신앙심 좋은 아이, 예쁘고 똑똑한 아이로 비추어졌다.

그러한 수식어들이 내게 부담으로 다가왔음을 처음 깨달은 것은 고등학교 3학년 입시 때였다. 공부를 열심히 하긴 했지만, 수학에 매우 약했다. 수학 성적이 전체 성적을 끌어내리면서 썩 좋지 못한 성적을 거뒀다. 4년제 대학 진학은 가능했지만, 흔히 말하는 명문대는 꿈도 꾸기 어려운 수준이었다. 주변 누구도 나에게 명문대에 가라는 부담을 준 적은 없지만, 나는 스스로 압박감을 느꼈다.

'이 정도로 칭찬받는 나라면 명문대에 가야 하지 않을까'

입시 결과를 내놓았을 때 나를 칭찬하던 그들의 기대가 실망으로 변하지 않을까 생각했다. 이 과정에서 나는 나를 둘러싼 이미지들에 얼마나 큰 부담을 느끼고 있는지 비로소 깨달았고, 그런 프레임이 깨지길 바랐다.

현재 소속된 학과와 선교단체에서도 나를 향한 평가는 크게 다르지 않다. 사실 나는 일을 미루는 걸 좋아하고, 벼락치기를 자주 하며, 몇 시간을 유튜브, 쇼츠로 때우기도 하는 꽤 게으른 사람이다. 이러한 모습들을 알지 못하는 사람들은 나에게 이런 말을 한다.

"너는 모범생인데 왜 앞자리에서 수업 안 들어?"
"언니는 아무리 바빠도 성경 읽고 기도하는 시간을 절대 안 빼먹을 것 같아요"

사실 나는 수업 시간에 딴짓도 많이 하고, 성경 읽기와 기도 시간을 잘 미루는 생각보다 성실하지 않은 사람이다.

이러한 이미지 가운데 곤란한 일이 한 번 발생했다. 2024년 여름, 한국대학생선교단체(CCC)에서 주관하는 여름수련회에 참석했다. 그곳에 가면 수련회 마지막 날 저녁 집회 때 '헌신의 밤'이라는 순서를 가진다. 선교사로서 살아가기로 다짐하는 시간이다. 나도 물론 선교단체의 일원으로서 선교사로 살아가겠다고 다짐했다. 다만, 직접 해외에 나가 활동하는 선교사는 아닌 '보내는 선교사'로 말이다. 보내는 선교사는 직접 현지에서 선교하는 선교사는 아니지만, 현지 선교사를 적극 후원하는 사람을 말한다. 해외에 나가보지 않은 나는 두려움이 더 컸기에, 내 자리에서 재정과 기도 후원으로 최선을 다하기로 했다.

헌신의 밤 현장에서 현재 후원하고 있는 선교사님께 곧 받게 될 장학금 전액을 후원하겠다고 다짐했다. 장학금이 통장에 들어오자마자 바로 선교사님께 송금했다. 그리고 메시지를 작성했다. 수련회 현장에서 보내는 선교사로서 최선을 다하겠다고 다짐했기에, 재정으로 후원한다고 상황을 설명했다.

그러나, 선교사님의 답장에 나는 곤란해졌다. '보내는 선교사'로서 최선을 다하겠다는 다짐을 '현지 선교사'로 살아가겠다는 다짐으로 오해하신 것이다. 선교사님은 감동하셨고, 자신이 있는 사역지에서 언젠가 나를 단기 선교사로 맞이하겠다고 말씀하셨다. 선교사님의 감격과 기대를 무너뜨리기가 죄송해서 금방이라도 해외 선교를 준비해야 할 것 같았다.

선교사님은 내가 중·고등학생 시절에 교회에서 중고등부 사역을 담당하셨다. 이분 또한 나를 좋게 봐주셨고, 언제나 나를 높이 칭찬하셨다. 여러 모습으로 인해 신실한 나로 포장되어 있었기에 내가 해외 선교사로 살아가겠다고 오해한 것도 '설마 얘가?' 싶은 의심조차도 안 했기 때문이라고 생각한다. 현지 선교사가 아니라 보내는 선교사로서의 다짐을 했던 거라고 다시 말씀드려 이 상황을 수습했다.

이런 상황을 겪으며, 나를 둘러싼 기대와 이미지가 때로는 나를 옥죄는 프레임으로 작용한다는 사실을 다시금 깨닫게 되었다. 나는 실제의 나보다는 타인의 기대에 나를 맞추려 했고, 좋은 칭찬들이 나를 오히려 괴롭히는 말이 될 수도 있다는 것을 깨달았다. 이러한 현상을 '사회부과적 완벽주의'라고 한다. 사회부과적 완벽주의는 타인이 자신에게 비현실적으로 높은 기준과 기대를 부과한다고 지각하고, 자신은 그 기대를 충족하기 위해 완벽해야 한다고 생각하는 것을 말한다. 사회부과적 완벽주의가 가장 많이 나타나는 연령대는 대학생과 취업준비생이다. 나 또한 이러한 부담을 대학 입시에 처음 인지했고, 대학생인 지금 계속해서 겪고 있다.

　그러나, 나는 더 이상 나를 향한 이런 이미지들에 얽매이지 않으려 한다. 나를 향한 수식어들에 부응하기 위해 가식적으로 포장하고 있었던 모습은 멈추기 위해 노력한다. 허술한 나, 어리숙한 나, 게으른 나의 인간적인 모든 모습까지 당당하게 고백할 수 있는 게 더 당당하고 솔직한 나를 만드는 길이라고 생각한다. 실제보다 나의 모습을 과장해 설명하지 않기, 연약한 점도 솔직하게 고백하기, 열심히 하지 않고 있을 때, 열심히 하는 척하지 않기, 모르는 것은 솔직하게 모른다고 말하는 사람이 될 수 있기를 바란다.

사람은 누구나 남들에게 좋게 보이고 싶은 욕구를 가지고 있다고 생각한다. 만약 나처럼 그런 욕구나, 남들이 나를 바라보는 이미지에 도리어 묶여버린 독자가 있다면, 함께 포장을 벗겨내는 작업에 도전해 보길 권한다.

─────────────────────────────── 송승리

더욱 정직하고,
모든 일에 최선을 다하는 사람이 되고자 노력합니다.

# 하늘에서 잰 키는
# 나폴레옹이 제일 크다

◇ 이채우

사람들은 누구나 수많은 장단점을 가지고 있다. 나의 단점은 기억력이 나쁜 것이다. 쓸데없는 것은 잘 기억하는데, 막상 필요한 것이 있을 때는 기억을 잘 못한다. 한 번은 '노트북 어댑터 분실 사건'이 있었다. 2024년 1학기 종강을 한 후, 방학에는 노트북을 한두 번 사용했다. 그것도 잠깐의 사용이었기 때문에 충전기가 필요 없었다. 2학기 개강을 하고, 비대면 수업을 들으면서 노트북 충전기가 없어졌다는 것을 깨달았다. 당장 수업을 들어야 하는데, 배터리가 방학 동안 다 닳아버렸다. 급한 대로 엄마의 전 노트북 충전기를 빌려서 충전했다. 2학기 내내 엄마의 충전기를 서로 번갈아가면서 사용했다.

그렇게 한 학기가 지나고 내 방 대청소를 했다. 청소를 하면서 내가 책상 밑에 넣어둔 충전기를 발견했다! 내가 '노트북 위치는 앞으로 여기야!'라고 정하면서 새로 만든 공간이었다. 이 공간을 완전히 까먹어 버린 것이다. 이 상황이 정말 웃겼다. '조금만 고개를 숙이면 발견할 수 있었는데, 분명 열심히 찾아봤는데 왜 여긴 안 봤을까?'라는 여러 가지 생각이 스쳐 지나가면서 엄마랑 한바탕 웃었다. 진작에 찾았으면 충전기를 돌려 사용할 필요도 없었겠지. 사소한 물건의 위치도 잊어버리는 내가 처음부터 이랬던 것은 아니다.

사실 나는 기억력이 좋았다. 정확히 말하자면, 암기력이 좋아서 기억력이 좋다고 생각했었다. 어렸을 때부터 똘똘하다는 소리도 많이 들었고, 공부도 나름 잘하는 편이었다. 선생님이 지난 수업 내용을 복기하는 질문을 하면 대답도 잘하는 학생이었다. 성인이 된 어느 순간부터 잘 까먹는 나를 발견하게 되었다. 단순한 물건의 위치뿐만 아니라, 내가 기억하고 싶은 기억, 나의 학창 시절 자잘한 추억들까지 잊게 되었다. 단순히 기억력이 나빠진 건지, 원래부터 안 좋았던 건지 많은 고민을 했었다. '나는 왜 이렇게 잘 잊어버리지?', '분명 나한텐 정말 힘든 기억이었는데, 이걸 까먹었다고? 그럼 별로 힘든 게 아니었나?'라며 나 스스로를 의심했었다. 정말 힘들었던 기억을 까먹는 나 자신이 가장 힘들게 느껴졌다. 힘들었으면 마음속 깊이 남아 잊지 못해야 하는데, 그걸 잊어버리니 내가 힘든 건 '가짜였구나'라는 생각을 계속하게 되었다. 내가 왜 이러지 라는 질문에 대한 해답을 심리학을 전공하며 어렴풋이 찾게 되었다.

'방어기제'라고 들어봤는가? 심리학을 전공하는 사람은 매우 익숙하겠지만, SNS에서도 종종 쓰이기 때문에 그렇지 않은 사람도 한 번쯤은 들어봤을 것이라 생각한다. 간단하게 방어기제를 설명하자면 '무의식적으로 사용하는 정신적 대처 방법'이라고 할 수 있다. 내가 잘 까먹는 것은 내 안의 무의식적인 방어기제가 발동되었다고 생각한다. 즉, 나 스스로를 무의식 중에 '억압'한 것이다. 내가 힘든 기억을 잊어버린 것은 너무 고통스럽고 힘들었기 때문이다.

중·고등학생 때 누구나 인간관계에 대한 고민을 하지 않는가? 나에게는 인간관계에 대한 여러 가지 고민과 일련의 사건들이 나를 너무 힘들게 했던 것 같다. 그 과정에서 상처도 많이 받았고, 일종의 죄책감도 있었다. 단정 지을 수 없는 여러 복합적인 감정을 많이 겪었다. 대학을 입학한 후에도 마찬가지였다. 관계에 대한 고민은 여전히 많았고, 친구와 멀어지고 새 친구를 사귀는 것은 계속 반복되었다. 여러 일을 경험하면서 나는 아주 자연스럽게 무의식적으로 잊는 것을 택한 것이다.

이 방어기제의 단점은 감정만 남아 있다는 것이다. 방어기제가 덜 발동된 것일까? 기억은 없는데 힘든 감정만 남아 있다. 내가 왜 힘들었는지, 뭐 때문에 아파했는지 기억이 희미하다. 완벽히 잊었다면 좋았을 텐데. 누군가에게 나의 힘듦을 얘기하면서 이겨내고 싶어도 감정만 남아 있으니 설명할 수 없다. 방어기제가 버릇이 된 것처럼 좋았던, 즐거웠던 일도 감정만 남는다. 처음에는 이런 나 자신이 이해가 가지 않았다. '왜 행복했던 기억도 잊게 되는 것일까'라는 의문이 있었다. 아직 이 해답까진 찾지 못했지만, 나는 이런 나를 그냥 있는 그대로 받아들이기로 했다.

지금은 '잘 잊으니까 오히려 좋아!' 마인드로 살아가고 있다! 굳이 힘들었던 기억을 떠올려서 뭐 하나, 지금이 중요하지. 지금 감정만 생각하자. 같은 방식으로 말이다. 다 잊고 새로운 출발을 할 수 있고, 내가 앞으로 더 나은 사람이 될 수 있는, 후회하지 않는 내가 되었다. 잘 잊는 것도 하나의 기술이 될 수 있을 것 같다. 나에게 치명적이었던 단점이 장점이 된 것이다. 어쩌면 부정적인 생각을 긍정적인 생각으로 바꾼 것일 수도 있다.

나는 앞으로도 계속 이렇게 살 것이다. 잘 잊으며 새로운 것을 경험하는 내가 될 것이다. 기억력 때문에 가끔 웃픈 상황도 발생하고 오해의 상황도 발생하지만, 이런 내가 좋다. 잘 잊으니까 일기를 쓰면 되고, 감정해소 방법은 다양하다. 살아가는 데 큰 지장을 주지도 않는다. 오히려 행복해졌다.

이 책을 읽고 있는 모든 독자들도 꽁꽁 감춰둔 본인의 단점, 콤플렉스가 있다면 그것을 장점으로 바꿔보는 것은 어떨까? 약간의 생각의 방향만 바꾸면 충분히 장점이 될 수 있다. 그러면 지금 행복의 두 배, 아니 열 배가 될 것이다. 여러분도 항상 긍정적인 마인드로 행복하게 살아갔으면 좋겠다.

## 이채우

아직은 불완전한 '나'이지만, 성장해 가는 중입니다.
항상 웃고 다니기에 항상 밝고 활발한 줄 알지만,
생각보다 예민하고 조용한 편입니다.
힘들고 우울하다고 얘기하지만, 소소한 행복을 잘 찾는 편입니다.
변덕쟁이 채우라고 합니다.

인스타그램 @rouveu_
블로그 https://blog.naver.com/grape0719

# 말해서
# 좋을 건 있다

◇ 이승수

　글을 써본 적이 있나요? 글을 쓴다는 것은 참 어려운 것 같아요. 이 글을 쓰려니 이런 생각이 들어, 그 이유를 곰곰이 생각해 보는 시간을 혼자서 가져보았습니다. 절대 글을 쓰기 싫어서 그런 것은 아니랍니다. '글쓰기에 재능이 없어서', '대문자 T라서', '완벽주의 성향이라서' 등 여러 가지 핑곗거리가 바로 생각났습니다. 그렇지만, 마냥 글쓰기에 재능이 없다기에는 리포트 과제 작성에는 큰 문제가 없었고, MBTI가 T인 것은 글쓰기와는 전혀 상관이 없을 것 같았으며, 완벽주의 성향이라기엔 결과물이 완벽이랑은 거리가 멀었습니다. 그렇게 한참을 더 고민하며 제가 내린 결론은 '자기표현에 서툴러서'였습니다.

저는 원래 제 이야기를 잘 하지 않는 사람이었습니다. 사실 조금 더 솔직하게 말하면, 여전히 제 이야기를 남에게 하는 것을 좋아하지 않습니다. 지금 생각해 보면 참 부끄럽지만, '모든 문제가 말해서 해결될 문제라면, 밀레니엄 난제는 왜 아직까지 존재하는 거야?', '슬픔을 나누면 반이 된다는데, 슬픔을 나누면 슬픈 사람이 두 명이 되니까 두 배지, 어떻게 반이 되는 거야?'와 같은 것이 저의 생각이었으니까요. 그래서 항상 친구들과의 술자리에 가면, 보통은 고민을 잘 들어주는 포지션에 있었습니다. 사실은 그냥 할 얘기가 없던 것뿐이었는데 말이에요. 참으로 고마운 오해죠. 이처럼 저는 제가 고민이 있을 때 다른 사람에게 말하지 않고, 항상 혼자서 해결하려고 했어요. 그러던 제가 이러한 생각을 바꾸게 된 계기가 있습니다. 다음 내용부터는 아무에게도 얘기한 적 없는 얘기라 조금 떨리는데, 궁금해해 주셨으면 좋겠네요.

2022년 6월, 3학년이었던 저는 심적으로 꽤 힘든 학교생활을 하고 있었습니다. 제 주전공은 심리학이고 부전공은 법학인데, 각 과에서 제 생각엔 가장 어렵고 양이 많은 강의를 수강하고 있었기 때문에 스트레스가 엄청나게 쌓여 있었습니다. 특히 법학과 강의 중 하나는 중간고사에 거의 백지와 다름이 없는 답안지를 제출해 버려서 중간고사 이후에 제 상태는 완전 패닉에 가까웠습니다. 대학생들이 흔히 말하는 '말하는 감자'가 저를 보고 만든 단어라고 착각할 수 있을 정도로요. 거기에 3학년이 되자, 앞으로의 진로에 대한 스트레스까지 겹쳐 이미 포화 상태였습니다. 그렇게 좀비처럼 학교에 다니던 중, 저에게 기회가 찾아왔습니다. 대학교에는 학생상담센터가 존재하는데, 저의 학과 담당 교수님께서 이곳의 센터장이었기에, 그 존재를 알 수 있었습니다. 가까운 주변 사람에게도 자기 얘기를 안 하던 평소의 저라면 알고도 별 신경을 쓰지 않았겠지만, 전공 강의인 상담심리학을 수강하고 있었던 저는 기말고사에 도움이 되지 않을까 싶어 상담을 신청했습니다. 사실 지금 생각해 보면 이는 핑계고, 이야기를 털어놓을 사람이 필요할 정도로 힘들었던 것이었겠죠.

심리학도로서는 부끄러운 일이지만, 상담 초반에는 '내 개인적인 고민을 털어놓는다고 해결이 될까?'라는 의문이 들었습니다. 제가 힘든 이유는 진로에 대한 고민과 학업으로 인한 스트레스인데, 상담자가 제 진로를 정해주거나 기말고사를 대신 응시해 주는 등 본질적인 문제는 해결해 줄 수 없다고 생각했기 때문입니다. 그러나 상담을 진행하며 제 이야기를 상담자에게 말하면서 스스로 이러한 생각이 틀렸다는 것을 알았습니다. 말을 하며 자신의 생각을 정리하게 되었고, 이를 통해 진정한 문제는 진로와 학업이 아닌, 그

것을 생각하는 저의 마음이 문제였다는 사실을요. 대화를 단순히 정보의 교환으로 생각하고 있었기 때문에, 말을 하는 것에 감정의 교환이 포함되어 있다는 사실을 간과한 것이었죠.

저는 그렇게 상담의 모든 회기를 온전히 끝마치며, 말을 하는 것이 어떠한 도움을 줄 수 있는지 알 수 있었습니다. 제 이야기를 듣고, '전문적인 상담사님께서 상담을 진행해 주었기 때문에 나아진 것이지, 그것이 말을 하였기 때문에 나아진 것은 아니지 않아?'라는 의문을 갖고 계신 분들도 계실 것 같아요. 하지만 제가 느낀 바로는 상대방이 말을 들어주기 이전에, 제가 말을 하기 위해 생각을 정리하면서 제 문제가 해결되는 느낌을 받았거든요. 실제로 '정서적 노출'이라는 심리치료 기법이 존재하는데. 자신의 감정을 언어로 표현하려고 노력하는 과정에서 자신의 정서를 스스로 이해하고 받아들일 수 있다고 합니다.

이렇게 제가 여러분께 드릴 수 있는 이야기는 끝이 났습니다. 그래서 저는 지금 어떻게 사냐고요? 상담 후 바로 다음 학기를 무사히 마친 후 미뤄뒀던 군대를 다녀와서, 이 글을 쓰고 있는 지금은 복학 후 평범하게 살고 있답니다. 여전히 자기표현은 못 하는 사람이지만요. 그렇지만 상담 후 달라진 것이 있다면, 저는 말을 통해 개인적인 문제를 해결할 수 있다는 사실을 알고 있고, 필요하다면 언제든 말할 준비가 되어 있다는 점입니다. 만약 저처럼 남에게 자기표현을 극도로 못 하시는 분이 계신다면, 아니더라도 고민을 가지고 있으시다면 가까운 사람과 나누어 보는 것은 어떨까요? 말해서 좋을 건 있으니까요.

### 이승수

잘 산다는 것이 무엇일까에 대한 답을 얻기 위해 탐구하는 사람, 혹은 그러기를 바라는 사람이다.
심리학을 통해 사람과 사회를 이해하며, 나의 삶을 더욱 나아가는 방향으로 이끌고 싶은, 설령 답이 없는 문제더라도 답을 찾는 과정이 곧 답이라고 생각하는 사람이다.

# 느려도 괜찮아
### 뒤처지고 있다고 느끼는 사람들에게

◇ 성보경

대부분 어린 시절 어른이 되면 어떤 모습일지 떠올려 본 경험이 있으리라 생각한다. 나는 성인이 되면 조금 더 주체적이고 적극적인 사람이 될 것이라고 기대했다. 막상 성인이 되었을 때, 환경은 많이 변했지만 나는 변화하지 않았다고 느꼈다. 대학교에 진학하고 처음으로 기숙사에서 살게 되었을 때 일상생활 자체가 너무 낯설었다. 하교 후 기숙사로 가는 길은 다시 등교하는 길인 것만 같았다. 나는 적응하지 못하고 있는데 룸메이트들은 기숙사 생활에 곧잘 적응한 것처럼 보였다. 수업을 들으러 강의실에 가면 입학한 지 얼마 안 되었는데 잘 어울리며 대학 생활을 즐기는 동기들의 모습이 신기하기도 부럽기도 했다.

내가 속한 환경에서 나를 뺀 모두는 잘 어울리며 지내는데 나만 동떨어져 있는 것 같았다. 그 순간, 문득 '나는 왜 그럴까?' 하는 의문이 들었다. 그래서 학생상담센터에 방문해 심리검사와 해석 상담을 하며 상담사님께서는 이렇게 말씀하셨다. "보경 씨의 기질은 돌다리도 두드려보고 건너진 않는 사람이라고 비유할 수 있을 것 같아요" 그 순간은 '돌다리를 두드려봤는데 건너진 않는다고? 설마'라고 생각했다. 그런데 돌이켜 보니 그 말이 나를 잘 설명한다고 느끼게 되었다.

어린 시절부터 나는 새롭게 변화하는 것을 많이 불편해하고 힘들어했다. 한번은 이런 적이 있었다. 나는 겁이 아주 많은 아이라 짧은 시간임에도 엄마와 통화를 하며 하교하곤 했다. 초등학교 2학년, 동네에 새로운 학교가 생기며 2학기에 새롭게 반 배치가 된 적이 있었다. 나는 힘들게 적응했던 교실의 친구들, 선생님이 바뀌면서 학교에 가기 싫었다. 그래서 하루는 평소처럼 집을 나와서 등교하지 않고 아파트 단지를 배회했다. 나를 겁이 많고 얌전한 아이라고 생각했던 엄마와 선생님은 많이 놀랐고 엄마는 나를 찾으러 한참을 돌아다녔다고 한다. 새로운 환경에 대한 두려움이 나의 겁을 이긴 순간이었다.

그러니까 나는 돌다리에 한 발을 내딛는 걸 참으로 어려워하는 사람이다. 실제로 새로운 일이나 관계를 시작할 때 변수와 상황을 미리 상상해 본다. 상황이 항상 마음대로 흘러가지 않는다는 걸 앎에도 나를 안심시키기 위해 그렇게 한다. 중학생 때는 집에서 혼자 새로운 친구를 만났을 때의 상황을 대본으로 써서 연습해 본 적이 있다. 그런데 실제로는 한마디도 꺼내지 못했다. 사실 나는 이런 내가 너무 답답하고 미웠다. 그리고 나만 친구가 없어서 혼자가 될까 두렵기도 했다.

그리고 대학에 와서 진로를 결정하는 때도 나의 머뭇거림은 계속되었다. 대부분은 진로를 결정하는 데까지 오래 걸린다고 한다. 반면 나는 진로를 결정하고 확고히 결심하는 게 정말 어려웠다. 수도 없이 고민하고 망설이기를 반복했다. 나의 진로 달성 과정에서 일어날 자잘한 실패와 실수가 두렵기도 했다. 이런 내 모습을 보며 앞으로도 중요한 도전의 상황에서 매번 시기를 놓치거나 망설이며 도전을 회피하진 않을까 불안해졌다. 그래서 변화하지 않는 나를 수없이 채찍질하며 몰아세웠었다.

에세이를 쓰는 지금 곰곰이 생각해 보면 나는 변화하지 않는 것이 아니었다. 새 학기가 되면 아직도 괴로워하고 힘들어할 때도 있다. 하지만, 이제는 지금 주어진 일에 최선을 다하며 한 학기를 보내고 있다. 처음 독립하여 기숙사에 살게 되었을 때, 기숙사가 불편하기도 했고 돈도 벌어보고 싶어서 아르바이트를 결심했다. 처음 해보는 일이기도 하고 잘할 수 있을까 하는 걱정에 며칠을 고민했다. 고민 끝에 아르바이트를 하게 되었다. 처음에는 낯을 많이 가리고 부끄러움이 많아 손님 응대가 어려웠다. 그래도 계속하다 보니 점차 익숙해지고 즐겁기도 했다. 아주 간단한 일일 수 있지만, 낯선 곳에서 새로운 도전을 했다는 것도 나에게 일어난 변화였다. 그뿐만 아니라 이제는 더 이상 진로 달성 과정에서 실패하고 실수하는 과정에 집중하지 않는다. 대신 후에 자신에게 실망하지 않도록 지금 당장 할 수 있는 것을 하기로 결심했다. 물론 실패와 실수의 순간에 또다시 위축되고 두려워할 수도 있지만 말이다. 나에게도 이런 모습이 있었음에도 나보다 더 적극적인 것만 같은 주변 친구들의 모습에 나는 변화하지 않는 사람이라고 믿었었다. 하지만 지금은 내가 돌다리에 한 발을 내딛는 데까지 긴 시간이 걸리는 사람이라는 것을 안다.

심리학에는 확증편향이라는 개념이 있다. 확증편향은 내가 옳다고 생각하는 것을 지지하는 정보는 수집하나, 지지하지 않는 정보는 무시하는 것을 말한다. 쉽게 말하면 내가 옳다고 믿는 정보만

수집해 내 생각을 더욱 견고히 하는 것이다. 이 에세이를 작성하며 내가 나에게 가지고 있던 생각들을 돌아보게 되었다. 이제껏 나는 변화하지 않고 항상 머물러 있는 사람이라고 생각했다. 어디서 무슨 일을 하던 변화하지 못하는 나의 모습만을 바라보았다. 그래서 나는 변화하지 못한다고, 항상 뒤처진다고 자신을 비난해 왔던 것 같다. 그럴수록 행동은 점점 위축되었고 도전을 머뭇거리는 악순환은 반복되었다. 이를 바라보며 나는 변화하지 않는 사람이라는 생각을 더욱 공고히 하게 되었다.

사람마다 속도는 모두 다르다. 어린 시절 나는 언어 발달이 다른 아이들보다 빠른 아이였다. 반면에, 새로운 인간관계를 맺고 처음 놓인 환경에 적응하는 것은 조금 더딘 아이였다. 이처럼 사람마다 각자 빠른 속도를 낼 수 있는 분야는 제각기 다르다. 나의 경우, 환경에 던져지면 빠르게 녹아드는 사람이 아니라 천천히 스며드는 사람이다. 나는 이 사실을 늦게 깨달았고 빠르게 녹아드는 사람들을 보며 나를 미워하고 신뢰하지 않았다.

그렇지만 앞으로는 다른 사람의 속도에 따라가는 것이 아닌 느리지만 천천히 변화하고 있는 나의 속도를 존중하기로 했다. 그리고 타인과 비교하기보다는 내가 느리지만 나아가고 있다는 사실에 집중하기로 했다. 물론 쉽지는 않다. 가끔 이런 나를 보채기도 하고 뒤처지고 있다는 불안감에 휩싸이기도 한다. 그래도 이제부터는 나는 변화할 수 있는 사람, 충분히 잘하고 있는 사람이라고 스스로에게 긍정적인 자성예언을 선물하려 한다. 그리고 이 글을 읽고 있는 '뒤처졌다고 느끼는 사람들에게' 충분히 잘하고 있고 분명 성장하고 있을 것이라는 긍정적인 기대를 전하고 싶다. 나 또한 아직 부족하지만, 나의 이야기가 모두에게 긍정적인 미래를 예측할 수 있게 하는 계기가 되기를 바란다.

성보경

조용한 환경에서 음악을 듣거나 독서하는 것을 좋아합니다. 항상 빠르게 변화하는 세상 속에서 나만의 속도로 한 걸음씩 신중하게 성장해 나가고 있는 평범한 대학생입니다.

# 게으른 완벽주의자
# 사칭주의

◇ 이지현

게으름은 누구에게나 찾아오는 유혹이다. 그러나 나에게는 단순한 유혹이 아니라, 늘 곁에 머무는 존재처럼 느껴졌다. 특히 고등학교 3학년 마지막 시험 기간에도 게으름은 어김없이 나를 찾아왔다. 해야 할 일을 알면서도 유튜브를 스크롤하는 데 많은 시간을 보냈다. 솔직히 말하자면, 내 삶에서 게으름이 없던 순간을 떠올리기란 쉽지 않다.

물론 이러한 상태에서 벗어나기 위해 노력하지 않았던 것은 아니다. 유튜브나 인스타그램에서 게으름을 극복하는 방법과 동기부여 영상을 찾아보며 의지를 다잡으려 애썼다. 그러나 돌이켜 보면 그러한 노력조차도 해야 할 일을 미루기 위한 또 다른 핑계에 불과했다. 어쩌면 이러한 모순이 나의 변화에 가장 큰 걸림돌이었던 것은 아닐까 싶다.

게으름에 빠질 때면 해야 할 일이 산더미처럼 쌓여 있어도 몸이 이상하리만치 움직이지 않았다. 마감 기한이 가까워질수록 밀려오는 죄책감이 나를 짓누르고, 오히려 더 큰 회피 욕구를 불러일으켰다. 이런 반복 속에서 느껴지는 무력감은 결국 실패감으로 이어졌다. 이 모든 감정은 나를 점점 더 지치게 만들었고, 스스로를 비난하게 했다.

문득 나는 이러한 상태가 단순히 나만의 문제인지 궁금해졌다. 주변 사람들과 이야기를 나누던 중, 그들은 나를 종종 '완벽주의자'라고 표현했다. 그러나 그 말을 들을 때마다 어딘가 불편함이 느껴졌다. 나는 단 한 번도 스스로 완벽주의자라고 생각해 본 적이 없었기 때문이다. 오히려 게으름과 미룸을 반복하며 부족한 자신의 모습을 끊임없이 직면해야 했던 사람이었다. 그런 내가 어떻게 완벽주의자일 수 있을까?

처음에는 그들의 말이 낯설고 동의할 수 없는 표현처럼 느껴졌다. 주변 사람들이 나를 위로하기 위해 건넨 말이라 생각하고 대수롭지 않게 넘기기도 했다. 단순히 내가 스스로에게 너무 엄격하지 못하고 느슨한 것이라고 여겼다. 그러나 곰곰이 생각해 보니, 무언가를 시작조차 하지 못했던 이유는 '혹시 실패할까 봐 두려워서'였던 것은 아닐까 하는 생각이 들었다. 나는 완벽하지 않은 상태로 무언가를 시작하는 것을 두려워했고, 그 두려움은 나도 모르게 내 안에서 자라나 '게으름'이라는 형태로 나타났던 것 같다. 마음의 여유를 가지고 실패를 두려워하지 않았다면 모든 일을 조금 더 자연스럽게 시작할 수 있었을지도 모른다.

'게으른 완벽주의자'라는 표현은 처음에는 그럴듯한 변명처럼 느껴져 마음이 불편했지만, 이제는 나 스스로 조금은 다르게 받아들일 수 있게 되었다. 나는 사실 완벽을 추구하는 사람이 아니라, 실패를 걱정하며 시작조차 하지 못했던 사람이었는지도 모른다.

앞으로 나는 게으름이라는 감정을 도망치지 않고 마주할 수 있는 사람이 되고 싶다. 요즘 작게나마 실천하고 있는 것은 저녁마다 짧게 적는 일기이다. 초등학생 이후로 일기를 꾸준히 써본 적이 없어 어색하기도 하고, 때로는 쓸 말이 마땅치 않을 때도 있다. 하지만 일기를 적으며 압박감 없이 솔직하게 나의 마음을 들여다보고 받아들일 수 있어, 전보다 마음이 한결 편안해졌다.

   게으름, 죄책감, 회피, 무력감, 이 모든 감정은 여전히 내 곁에 있다. 하지만 지금의 나는 그 감정들로부터 도망치지 않는다. 그것들이 나의 일부임을 받아들이고, 조금씩 앞으로 나아가는 연습을 하고 있다. 이 글을 읽는 독자들도 비슷한 감정을 경험해 본 적이 있을 것이다. 우리는 모두 이러한 감정과 상황을 겪으며 살아가지만, 안타깝게도 해결 방법에는 정답이 없다. 다만, 나 자신이 스스로를 가장 잘 알고 있으며, 각자가 자신만의 방식으로 이 감정을 이해하고 풀어나갈 수 있다는 믿음을 가지고 있다면, 그것이 가장 정답에 가까운 해결책이 아닐까 하는 것이 내 생각이다.

## 이지현

안녕하세요, 생각이 늘 많은 이지현입니다.
항상 스스로에 대해 고민하는 시간이 많았고, 때로는 그 고민들이 나를 앞으로 나아가지 못하게 만들기도 했었습니다. 그러나 이제는 그런 고민들 속에서도 내가 성장하고 있음을 믿습니다. 이 글을 통해 나와 비슷한 고민을 가진 사람들이 조금이라도 위로받을 수 있기를 바랍니다.

# 겨울에는
# 털 실내화를 조심하자

◇ 박소연

겨울에 털 실내화를 신어본 적 있는가? 개인적으로는 쇼핑하러 갔다가 우연히 털 실내화를 사은품으로 받은 경험이 있다. 그 당시는 겨울이었고 평소 집에서도 발이 시렸기 때문에 기쁘게 받아들였다. 특히 코로나가 한창이었던 때라 집에 있는 시간이 길어졌으니만큼 거의 온종일 그 실내화를 신고 있었다. 그것이 치명적인 문제가 되었다. 털 실내화를 신어도 발이 시리니까 발에서 땀이 나는 줄 몰랐기 때문이다. 결국 축축한 발에는 무좀균이 생겼고, 그 이후로 나는 집에서 털 실내화를 신는 대신에 발가락 양말을 신게 되었다. 여기까지가 사건의 발단이다.

사실 나는 발가락 양말을 신는 것을 부끄러워했다. 왜냐하면 '발가락 양말'이라는 단어는 무좀을 연상시키기 때문이다. 그리고 무좀은 접촉을 통해 균이 옮으니까 더럽다는 이미지를 가지고 있었다. 그래서 나는 발가락 양말을 집에서만 신으려고 했다. 그런데 외출할 때 일반 양말을 신으려니까 발에 땀이 생기는 느낌이 불쾌하게 느껴지기 시작했다. 다시 무좀이 도질까 봐 불안해지기도 했다. 그리고 무엇보다, 발가락 양말을 많이 사두었기 때문에 기껏 사둔 양말을 신지 않으면 돈이 아깝다는 생각이 들었다. 그래서 외출할 때도 어디 가서 신발 벗는 일(예를 들면, 마룻바닥으로 된 식당을 방문하는 일처럼)이 없을 것 같으면 발가락 양말을 신고 나가곤 했다. 여기까지 말했으면 어느 정도 눈치챘겠지만, 나는 발가락 양말을 신은 채로 신발을 벗어야 하는 상황에 놓였던 적이 있다. 심지어 식당도 아니었으며, 사람들도 꽤 많았다. 그때 그게 어찌나 부끄러웠는지 모르겠다.

그날은 대외활동 면접 날이었다. 일주일 전에 합격 통지를 받고, 간단히 면접 준비를 하기 위해 대외활동을 주최하는 곳에 대해 찾아보았다. 공식 블로그에서는 이전 기수 활동사진들도 볼 수 있었다. 사진을 보니, 학교나 회사처럼 하얗고 공적인 분위기가 아니었다. 어린이집이나 경로당 같은 인테리어 분위기라고 하면 와닿을까? 물론 인테리어 같은 건 나한테 별로 중요하지 않았다. 중요한 건 '이 건물에 들어갈 때 신발을 벗어야 하는지'였다. 왜냐하면 발가락 양말을 신을 예정이었기 때문이다. 면접이라 긴장될 테니까 당연히 땀이 날 거고, 그러면 발가락이 불쾌해질 거고, 당연히 면접에도 집중이 안 될 것 같다는 게 내 생각이었다. 즉, 발가락 양말을 신되, 그 사실을 들키고 싶지 않았다. 하지만 활동사진 중에서는 발까지 나오는 사진을 찾을 수 없었다. 그리고 '설마 면접을 보는데 신발을 벗기겠어?' 하는 생각도 들었다. 사실상 될 대로 되라 싶은 마음으로 발가락 양말을 신었다. '양말을 보인다면 오히려 강렬한 인상을 줄 수도 있지 않을까' 하는 생각도 들었다. 그래서 나는 결국 발가락 양말을 신고 면접을 보러 갔다.

면접 장소에 도착하니 다행히도 신발을 신은 채로 대기할 수 있었다. 오리엔테이션을 간단하게 진행한 후, 정해진 순서대로 면접을 보러 올라가면 된다는 설명을 들을 수 있었다. 문제는 그 '올라가는' 과정에서 발생했다. 면접 과정에 관한 설명 중, 면접장으로 올라갈 때는 실내화로 갈아신어야 한다는 공지가 있었다. 그때부터 나는 당황하기 시작했다. 다른 사람들이 나를 이상하게 보면 어떡하나 초조해하기도 했다. 하지만 여분의 양말도 없는 상황에서 내가 할 수 있는 건 없었다. 설상가상으로, 면접 첫 번째 조를 호명하는데 거기서 내 이름이 불렸다.

　그 상황에서 나를 정말로 울고 싶게 만들었던 건 신발장에 모여 있던 사람들이었다. 면접을 보러 올라가려는 사람들이 거의 열댓 명은 있었고, 면접자들을 안내해 주는 스태프들도 몇 명 있었기 때문이다. 그래도 눈 딱 감고 신발을 갈아신으려고 했다. 일단 갈아신고 나면 발가락은 보이지 않을 거라고 생각했다. 그런데 아니었다. 다급하게 실내화들을 쭉 훑어보니 전부 앞코가 뚫려 있는 슬리퍼였다. 그 말인즉슨, 내 회색 발가락 양말이 적나라하게 드러난다는 뜻이었다. 최대한 신속하게 신발을 갈아신으면서도 정말 울고 싶은 기분이 들었다. 난 내 발가락 양말이 부끄러워서 숨기고 싶었다. 너무 편해서 차마 포기할 수 없었던 것뿐이다.

　면접을 보면서 내가 뭐라고 했는지 이제는 기억도 나지 않는다. 정말 다행스럽게도 합격 통지를 받을 수는 있었지만, 발가락 양말의 활약은 여기서 끝이 아니었다. 내가 참여한 대외활동에서는 참여자들을 대상으로 하는 블로그 이벤트가 하나 있었다. 블로그에 우리 팀의 프로젝트에 관한 글을 올리고, 기간 내에 얼마나 많은 글을 썼는지로 점수를 매겨서 1등에서 3등까지의 팀은 상금을 받을 수 있었다. 그리고 그 이벤트에서 나는 면접 후기를 쓰면서 부끄러움을 꾹 참고 '발가락 양말 사건'을 적었다. 그리고 내가 속한 팀이 순위권에는 들지 못했지만 유머상을 수상하면서 가산점을 받을 수 있었다. 물론 유머상 수상이 내 목표였긴 했지만, 생각하면 할수록 자꾸만 민망해지면서 다른 팀원들이 나를 이상하게 생각하지는 않을지 걱정스러운 마음이 들기도 했다.

블로그 이벤트는 두 차례에 걸쳐서 진행됐다. 그리고 2차 블로그 이벤트까지 종료된 후, 나는 내가 우려하던 상황을 마주했다. 화장실에서 다른 팀원과 마주쳐서 어색하게 인사를 나누던 순간이었다. 어느 팀에서 활동하고 있는지, 무슨 프로젝트를 진행했는지 등 간단한 이야기를 나누더니 그 팀원이 대뜸 내게 이렇게 말했다.

"혹시 그, 블로그에서 발가락 양말 쓰신……"
"아, 네, 네……. 맞아요"
"블로그 너무 재밌게 읽었어요. 저희 팀에도 블로그에 이벤트 설명하는 글 올리면서 예시로 그, 발가락 양말 얘기를 쓰신 분도 있거든요"
"아, 정말요……. 영광이에요"

대화를 나눌 당시에는 낯이 뜨거워서 대화를 서둘러 마무리하느라 상황을 제대로 보지 못했지만, 지금은 안다. 내가 걱정했던 것처럼 사람들은 나를 그리 이상하게 보지 않았다. 내게 말을 걸었던 팀원도 나를 나무라기 위해 말을 꺼낸 것이 아니었다. 오히려 나에게 긍정적인 감정을 보여주었다. 그러니 내가 그렇게까지 내 발가락 양말을 창피해할 필요는 없었다.

나는 이 사건을 통해 내가 가진 편견은 나만의 편견일 수 있다는 것을 깨달았다. 사회심리학 개념 중 '반영 자기 평가(Reflected Self-Appraisals)'라는 개념이 있다. 이는 다른 사람들이 나에 대해 어떻게 생각하는지에 대한 믿음이다. 그러나 우리가 생각하는 우리 자신과 다른 사람들이 실제로 생각하는 우리에게는 차이가 있다. 내가 발가락 양말 좀 신었다고 해서 나를 더럽게 본 사람이 있었을까? 내가 생각하기에는 면접 보러 갔던 날에 내 양말에 주의를 기울인 사람은 거의 없었을 것이다. 생각보다 사람들은 주변에 관심이 없기 때문이다. 나만큼 나에게 관심 있는 사람은 이 세상에 없을 것으로 생각한다. 그래서 나는 이 일 이후로 나 자신을 덜 부끄러워하게 되었다. 그러니 모두가 나 자신에게 너그러워지면 좋겠다.

그러나 마지막으로 한마디만 하고 싶다. 겨울에는 털 실내화를 조심하자.

# 박소연

가천대학교 심리학과 3학년 박소연입니다.
기록하는 것을 좋아하지만 다시 찾아보지는 않는 버릇이 있습니다.
과거에 너무 집착하는 것도 안 좋지만,
어느 정도는 과거의 기록을 되짚어 보는 것이 좋겠다는 생각을
최근 들어 종종 하고 있습니다.

# 오해가 생겨도
# 풀 수만 있으면 오 예!

◇ 손수아

"아 오빠, 개수작 부리지 마"

내가 10살쯤 되던 해의 설날 때 사촌오빠에게 한 말이었다. 모두가 일요일 밤이면 개그콘서트를 보던 그 시절의 유명한 코너의 유행어로 당시 수작이라는 단어의 정확한 의미를 모르고 웃으면서 봤던 나는 엄마, 아빠, 작은 엄마, 작은 아빠까지 모두가 한자리에 모여 있던 명절날 사촌오빠에게 말했다. 아마 그때의 나는 개수작을 나쁜 뜻으로 받아드리지 않았고 개를 단어의 뜻을 증폭시키는 느낌으로, 수작을 자신의 이득을 위해 남에게 얕은 수를 쓰는 거로 이해하고 세뱃돈으로 내기를 하자는 오빠에게 저런 말을 했던 것 같다.

당시 이 말을 들은 아빠는 바로 나에게 버럭 화를 내었고 개그콘서트처럼 유머로 볼 줄 알았지만 혼났다는 당혹감에 아직도 생생하게 떠오른다. 혼난 후 제대로 해명도 하지 못한 채 직전까지도 편하게 장난치던 오빠에게 바로 어색한 사과를 했다. 10살 인생 처음으로 나의 개그로 인해 혼이 났고 이전까지 겪어본 적 없는 당혹감과 무안함으로 가득한 기억이다. 그날 이후로 단어를 정확하게 아는 게 아니라면 제대로 말하지 않았고 장난치는 상대도 눈치를 보며 하게 되었다. 과거에 그런 기억이 있지만 조심했다고 했지 하지 않게 된 건 아니었다. 여전히 나의 개그로 사람들을 웃기길 원하고 웃어줬을 때 나도 기쁨을 느낀다.

하지만 올해에 친구들과 통화를 하며 충격적인 이야기를 들었다. 나에게는 1학년 때부터 다 함께 기숙사에 살며 매일을 보낸 소중한 4명의 친구들이 있다. 그러나 올해 한 친구는 군대를 가고 나를 포함한 나머지 4명 모두 자취를 시작하며 예전만큼 이야기할 시간이 부족했다. 그러다 오랜만에 다 같이 통화를 하자는 이야기가 나와 통화를 하던 중 과거에 친구가 나로 인해 속상했던 일을 이야기했다.

충청도에서 올라온 김 양은 유독 밥 먹는 속도가 느린데 밥을 먹을 때 휴대폰을 보면서 먹는 매우 안 좋은 식습관이 있다. 하루는 다 같이 닭볶음탕을 먹는데 김 양은 그날도 어김없이 휴대폰을 보면서 먹다가 자신이 얼마 먹지 못했다고 말했다. 평소에도 같이 돈 내는 거니깐 혼자만 적게 먹을 수는 없지만 네가 휴대폰을 보면서 먹고 그런 말을 하면 안 된다고 하며 농담으로 "안 되겠네. ○○이 집 가서 밥상머리 교육 좀 받아야겠는데"라고 했었던 게 상처였다고 말했다.

사실 밥상머리 교육이라는 게 본가에서 다녔던 고등학교 바로 옆 고등학교에서 실제로 시행하던 학교 프로그램으로 금요일 저녁은 야간자율학습을 하지 않고 집으로 돌아가 가족들과 저녁 식사를 하며 밥상머리 예절을 배우는 것이다. 나는 모두에게 이 신기한 프로그램에 대해 이야기했었던 줄 알고 농담으로 말했던 것이었는데 이야기해 보니 딱 김 양이 없었던 4명에서 놀던 자리에서 밥상머리 교육에 대한 이야기를 했던 것이었다. 그래서 밥상머리 교육이 무엇인지 모르던 김 양은 상처를 받고 '왜 쟤가 갑자기 우리 부모님에 대한 욕을 하지……'라는 엄청나고도 심각한 오해를 했던 것이었다!!!

친구의 속이야기를 듣고 나는 너무 미안하며 웃프기도 했다. 친구들과 함께하는 즐거운 식사 자리에서 재미있는 농담을 하고 싶었던 것인데 친구에게 오해를 받았다는 사실과 친구가 나의 장난으로 혼자 말하지도 못하고 상처를 받았다는 것이 많이 미안해서 아직도 생각이 난다. 이후 바로 나의 발언이 농담이었고 밥상머리 교육에 대해 자세한 설명을 하였고 김 양은 이야기를 듣더니 이제 괜찮다고 알고 보니 웃긴 이야기였다며 다 같이 배꼽 잡고 웃었다. 그래도 이 자리를 빌려 김 양에게 다시 한번 사과의 말을 전한다.

나는 이러한 경험들을 통해 한 가지 교훈을 얻었다. 비록 내가 이미 한 번의 실수로 다짐을 했지만 결국 조심하더라도 예기치 못한 상황, 오해란 발생할 수밖에 없는 것이기에 대화를 통해 오해를 풀고 오해를 만든 나의 행동에 대한 사과, 상황 설명을 하면 서로에게 웃긴 기억으로 남을 수 있다는 것이다. 그러니 다들 오해가 생겼더라도 자신의 상황을 잘 설명하면 좋은 해결책이 될 수 있다고 이야기해 주고 싶다.

오해가 생겨도 대화를 통해 풀 수 있다면 서로에게 웃픈 추억을 만들 수 있으니 Oh Yeah!

손수아

벌써 생일이 지나 만으로 22살, 한국 나이로 23살이 되어 더 이상 시간이 지나지 않았으면 하지만 하루하루의 즐거움과 때때로의 실수, 이를 통한 경험과 성장으로 살아가는 중인 사람이다.

인스타그램 @mmmn_t5r

# 실패할
# 용기

◇ 정원진

나는 졸음이 많은 편이라 아침에 수업이 있을 때면 항상 학교 건물 내 카페에서 커피를 사서 강의실로 들어간다. 오늘도 평소처럼 아이스아메리카노를 주문하려던 순간, 옆에서 커피를 주문하던 사람이 갑자기 "안녕하세요!"라며 밝게 인사를 건넸다. 하지만 나는 반갑게 인사하지 못하고 당황할 수밖에 없었다. 그 사람은 나를 아는 듯했지만, 나는 전혀 기억이 나지 않았기 때문이다.

'누구지? 지난 학기 조별 과제를 함께 했던 사람인가?'

아무리 기억을 떠올려 보아도 나는 이 사람을 만났던 기억이 없다. 아직 이름을 물어보지 못한 그녀를 'A 씨'라고 부르기로 하고, 이 상황을 어떻게 해결할지 고민했다. 보통 인사를 나눈다면 몇 번은 만난 적이 있다는 뜻이지만, A 씨의 얼굴은 처음 보는 듯 낯설었다. 나는 짧은 순간 논리적으로 생각해 보았다. '내가 A 씨를 전혀 기억하지 못하는 걸 보니, 그녀는 나를 다른 사람으로 착각한 것이 아닐까?' 그러나 곧 A 씨의 뒤편에 그녀의 일행이 서 있는 것을 보고, 순간적으로 '내가 착각한 것이 아닐까?' 하는 생각이 들며 판단을 바꿔 아는 척하며 인사를 건넸다. 그러자 A 씨는 곧 실수를 깨달았고, 자신이 사람을 헷갈렸다고 말하며 당황한 듯 머쓱한 표정을 지었다. 상황은 얼떨결에 정리되었지만, 나는 자신이 처음 보는 사람에게 아는 척하며 인사했다는 사실이 창피해 서둘러 강의실로 도망쳤다. 분명 모르는 사람이라는 확신이 들었는데, 어째서 나는 생각을 바꾸고 반대로 행동했을까?

나는 처음에 A 씨가 실수한 것이라 생각했지만 뒤편에 있던 일행들을 보고 나는 1명이지만 저쪽은 여러 명이니 오히려 내가 틀렸을 거라 생각하게 되며 그 흐름에 맞춰 행동했다. 이렇게 집단의 의견이나 행동에 따라 자신의 판단을 바꾸는 현상을 '동조 현상'이라고 한다. 예를 들어, 평소 좋아하던 식당이라도 온라인에서 부정적인 리뷰가 많아지면 방문을 꺼리게 된다거나, 신호등이 빨간불임에도 불구하고 대부분 사람들이 길을 건너가면 따라서 건너는 경우가 이에 해당한다. 동조 현상은 잘못된 행동이 아니다. 이는 집단 내에서 인정받고 거부당하지 않으려는 심리에서 비롯된 자연스러운 행동이기 때문이다. 나 역시 어릴 때부터 주변의 시선을 의식하며 행동하는 경우가 많았다. 그래서 어떤 상황에서든 앞장서기를 주저했다. 수업 시간에 칠판에 적힌 문제의 정답을 알면서도 손을 들지 않았고, 체육대회에서도 주목받는 개인 종목보다는 단체 종목을 선택했다. 반장이나 조장과 같은 리더 역할도 피하려고 했다. 처음에는 단순히 내향적인 성격 때문이라고 생각했지만, 돌이켜 보면 나는 실패하는 것이 두려웠다.

'칠판의 문제를 맞추지 못해 창피를 당할까 봐'
'체육대회에서 내가 실수하면 우리 팀이 질까 봐'
'조장을 맡았다가 잘못된 결정을 할까 봐'

이처럼 실패가 두려워 확신이 있어도 행동을 망설였고, 책임을 지기 싫어 도전을 피했다. 그리고 이러한 두려움이 강한 동조 현상을 유발했다. 집단의 결정을 따르는 것이 실패를 피할 확률이 높다고 생각되었고, 설령 실패하더라도 책임을 나눌 수 있기 때문이다.

아마 이러한 두려움을 느낀 것이 나뿐만은 아닐 것이다. 특히 우리 사회는 학업 경쟁이 치열하고 성공에 대한 기대가 크다 보니, 실패했을 때의 좌절감이 크다. 그만큼 실패에 대한 부정적인 인식이 강하다. 하지만 실패를 두려워하면 도전 자체를 회피하게 된다. 그렇다면 어떻게 해야 실패에 대한 두려움을 이겨낼 수 있을까?

실패에 대한 두려움을 극복하려면 먼저 실패를 바라보는 시각을 바꿔야 한다. "실패는 성공의 어머니"라는 말처럼, 실패는 잃는 것이 아니라 배움과 성장을 위한 발판이다. 그렇다면 우리는 어떻게 실패를 성장의 기회로 삼을 수 있을까? 오답 노트를 떠올리면 이해하기 쉽다. 틀린 문제를 기록하고 복습하여 다음번에는 같은 실수를 반복하지 않는 것처럼, 실패한 경험을 기록하고 그 원인을 분석하고 고쳐나가면 더 나은 결과를 얻을 수 있다. 대부분의 사람들은 실패의 기억을 떠올리고 싶어 하지 않는다. 그러나 실패를 통해 성장하기 위해서는 과거의 실패를 되돌아보는 과정이 필요하다. 이를 위해 실패의 원인을 객관적으로 기록하고 분석하는 습관을 들이면 도움이 된다. 예를 들어, 일기를 쓰며 자신의 경험을 정리하고, '그때 이렇게 행동했으면 어땠을까?'라는 질문을 던져보는 것이다. 물론 처음부터 쉽지는 않다. 왜냐하면 우리는 흔히 실패의 원인을 자신의 실력보다는 외부 환경에서 찾으려 하기 때문이다. 예를 들어, 시험을 망쳤을 때 '최근에 스트레스를 많이 받아서'라고 핑계를 대거나, '시험 당일 미역국을 먹어서' 같은 미신을 탓하기도 한다. 하지만 실패를 제대로 마주하지 않으면, 우리는 같은 실수를 반복하게 되고, 결국 도전 자체를 멈추게 된다. 또한, 실패를 되돌아보는 습관은 실패에 대한 부정적인 감정을 줄이는 데도 도움이 된다. 누구나 문득 과거의 부끄러운 기억이 떠올라 괴로워한 적이 있을 것이다. 이를 심리학에서는 '반추'라고 한다. 하지만 만약 우리가 실패를 통해 성장하고, 그 경험을 바탕으로 성공한 사례를 만들어 낸다면, 부끄러운 과거의 실패도 성장의 발판이 된 긍정적인 기억으로 남게 된다.

나는 실패에 대해 오해하고 있었다. 실패하면 성공으로 가는 길이 끝나는 것이라고 생각했다. 하지만 실패는 끝이 아니다. 실패는 다시 시작할 수 있는 기회이며, 성공으로 가는 계단이 될 수도 있다. 이 글을 읽는 당신이 '실패할 용기'를 갖기를 바란다. 오해하지 말았으면 한다. 여기서 말하는 용기는 일부러 실패하라는 의미가 아니다. 실패를 두려워하지 말고, 받아들일 용기를 가지라는 의미다. 우리가 어떤 일에 도전하면 결과는 성공 아니면 실패, 2가지뿐이다. 도전해서 성공하면 원하는 것을 얻을 수 있고, 설령 실패하더라도 그 경험을 통해 성장하여 결국에는 성공에 도달할 수 있다.

어떤 선택을 하든, 실패가 결국 성공으로 이어진다면 우리는 도전을 주저할 이유가 없다. 그러니 우리 모두 실패할 용기를 가지고, 망설이지 말고 앞으로 나아가자.

정원진

안녕하세요. 게임과 영화를 좋아하는 ISFP입니다.
게임과 영화 둘 다 장르를 크게 가리지 않고 즐기는 편이지만
겁이 많고 잘 놀라는 편이라 공포 장르만큼은 좋아하지 않습니다.

# 발자국

◇ 이준현

가정은 나의 대지이다.
나는 거기서 나의 정신적인 영양을 섭취하고 있다.

― 펄 벅

살아가면서 지치고 힘들 때, 서글플 때면 어떤 방법으로 이겨내고 있는가? 나는 그런 순간이 올 때마다 십수 년을 앞서 삶을 살아갔던 누군가의 고된 발자국을 따라가 보곤 한다. 힘든 순간마다 보는 이 발자국을 발자국의 주인이 남기고 있을 그때, 당신은 어떤 생각을 가지고 있고 어떻게 이겨냈는지 상상하곤 한다. 그리고 이 발자국의 주인은 나의 어머니이다.

어머니는 학생이실 때 나를 낳으셨다. 또래보다 어머니의 나이가 많이 젊기에 부모님께서는 내가 무시나 따돌림을 받을까, 혹은 부끄러워하지 않을까 항상 걱정하셨다. 어린 나이일 때부터 이를 인지하고 있었지만, 이상하게 생각하거나, 민감하게 받아들이지는 않았다. 하지만 어렸을 때 아주 사소한 경험으로부터 어머니의 나이에 관해서 남들과는 다르다는 것을 알게 되었다.

나는 초등학생 때부터 컴퓨터 게임을 무척 좋아했다. 다양한 게임들을 즐기기 위해 게임마다 계정을 만들어야 했다. 초등학생인 내가 계정을 만들어 게임을 하기 위해서는 2가지 방법이 있었다. 부모님의 계정을 생성하거나, 부모님의 휴대폰 인증을 통한 동의 후 나의 이름으로 된 계정을 만드는 것이다. 주로 전자의 방법으로 계정을 생성했지만 초등학교 고학년이 되어서는 나의 이름으로 된 계정을 만들고 싶어 후자의 방법을 사용했다. 계정 이름과 닉네임을 적은 뒤 어머니의 휴대폰 인증만을 기다리고 있었다. 하지만 어머니의 나이가 나와 19년 이상 차이가 나지 않는다는 이유로 인증이 실패했다. 당시는 내 이름으로 게임 계정을 만들지 못해 낙담한 웃지 못할 해프닝이었다.

이후로 어머니의 나이에 대해 의식하게 되고 좀 더 체감되는 것 같았다. 물론 부정적이거나 부끄럽게 생각하지는 않았다. 하지만 남들이 볼 때 '나와 어머니의 나이 차이가 이질적으로 보이지 않을까'라는 의문이 들곤 했던 것 같다. 이를테면 초등학교 참관수업과 같이 친구들이 어머니를 보게 되는 상황이 올 때, 항상 과장되게 반응을 한 것이 그렇다. 친구들이 어머니가 무척 젊으시단 말을 할 때면, 친구들이 묻지도 않았던 어머니의 나이를 말해준다거나 학생 때 나를 낳아주셨다는 것을 자랑스럽게 말을 하곤 했다.

어머니의 나이에 관해서 나의 말과 행동이 과장된 것은 반동형성이란 방어기제를 사용한 것이다. 방어기제는 감정적 상처로부터 자신을 보호하기 위한 무의식적 수단을 말한다. 방어기제에는 여러 가지가 있는데, 그중 반동형성은 자신이 가진 욕구와는 반대되는 행동이나 태도를 취하는 것을 뜻한다. 어머니의 젊은 나이에 대해서 타인이 봤을 때 이질적일 수 있다고 생각했던 것을 감추고 싶었지만, 오히려 더 드러내며 반응한 것이다.

나의 방어기제는 중학생까지 지속됐다. 어머니께서 학교에 방문하실 때면, 친구들의 질문 세례가 이어졌다. 친구들의 그러한 관심은 솔직히 싫지 않았다. 하지만 조금은 부담스럽게 느껴졌다. 어렸던 나에게 남들과 다르다는 것은 매우 민감한 요소였기 때문이다. 중학생까지 이어진 방어기제는 어머니가 나를 낳으시고 기르시던 나이가 되고 나서부터 자연스럽게 사라지게 되었다. '고등학교 학업 문제만으로도 이렇게 힘들고 스트레스를 받는데, 어머니는 어떻게 하셨을까?', '어머니는 내 나이일 때 기댈 곳은 있었을까?'라고 어머니가 내 나이일 때를 상상하는 때가 많았다.

이후로는 습관처럼, 힘들 때마다 어머니가 남기고 간 발자국을 따라 걷곤 한다. 막막했던 20살, 친구의 부고 소식으로 혼란스러웠던 순간마다 나보다 일찍 이런 순간들을 겪어봤던 그 발자국, 이제는 나보다 작아진 발자국을 말이다.

## 이준현

심리치료, 심리평가를 수행하는 임상심리전문가를 목표로 심리학과에 진학하게 되었습니다.
그리고 현재는 졸업을 앞두고 있는 4학년 학부생입니다.

# LIFE

사소한 불행이 행복이 되기까지 _ 정재희

경수난시대, 그 안에서 나를 마주하다 _ 김경수

프렌치토스트가 내게 가르쳐 준 것 _ 김승은

이건 예고편에 불과해 _ 이연수

비엔나가 싫어서 울어본 적 있어? _ 이채현

습관을 바꾸게 된 계기 _ 이현주

춥지만 따뜻한 크리스마스 _ 김정윤

PART 4

# 사소한 불행이
# 행복이 되기까지

# 사소한 불행이
# 행복이 되기까지

◇ 정재희

인간의 기억이 어떻게 작용하는 것인지. 방금 본 전화번호도 제대로 기억을 못 하는 경우도 있는가 하면, 뜬금없이 예전의 추억들이 파도가 치듯이 떠오르기도 한다. 잔잔한 파도로 다가와 무심히 떠다니는 기억들을 다시 돌아보니, 과거에 불행하다 느꼈던 기억이 지금은 행복한 추억이 되었다고 느꼈다.

하나 떠오르는 기억은 일본 후쿠오카의 시골로 갔던 여행이다. 부정적인 감정으로부터 오는 허탈한 웃음과 그 뒤에 전해지는 행복이 함께 있는 기억이다. 여자친구와 나는 자전거를 타고 일본 시골 여행을 하기로 했었다. 8월 무더운 여름, 호텔에 도착해 자전거를 빌리는 것까지는 정말 순조로웠다. 문제는 그때가 8월 초절정의 폭염이었고, 일본에서 매우 후덥지근하기로 유명한 후쿠오카 지역이었으며, 그늘 하나 없는 마을을 자전거를 타고 돌아다닌 거였다. 우리는 탄 지 10분도 안 돼서 온몸이 땀으로 젖었다. 그렇다고 다시 돌아갈 수는 없었다. 자전거 여행에 들인 시간과 돈이 너무나도 아까웠다. 자전거를 타며 마을 관광지를 돌아다니는데 더운 날씨와 축축하고 뜨겁기까지 한 몸 때문에 예민해지고 짜증이 날 수밖에 없었다. 서로의 말 한마디, 행동 하나하나에 굉장히 날이 서 있었다. 화를 낸 것도 아니지만 묘한 긴장감과 기류가 흐르는 상황. 우리는 근처 마트에 들어와 더위도 피할 겸 호텔에서 먹을 음식 장을 보기로 했다. 실내로 들어오니 그제서야 우리의 모습이 눈에 들어오기 시작했다. 고작 몇 시간 자전거를 탔다고 피부가 다 타버린 모습이 어이없게 웃겼다. 온몸이 젖은 채 새까만 피부색을 가지게 된 우리의 모습이 측은하고 불쌍해 보이면서도 분장한 것같이 웃겼다. 그렇게 웃고 나니 기분도 나아지고 재밌게 장을 봐서 호텔로 돌아갈 힘도 생겼다. 마트에서 장을 볼 때 고구마 맛탕을 사먹었는데, 그 곳의 고구마 맛탕은 평생 잊지 못한다(일본의 음식이라 고구마 맛탕이 맞는지는 모르겠다). 그때 웃음으로 행복해지고 있던 우리에게 행복함의 정점을 가져와 줬던 하나의 매개체였다. 아직도 이날 여자친구와 먹었던 고구마 맛탕을 이야기하곤 한다. 그걸 안 먹었다면 그렇게까지 분위기가 좋아지지 못했을 수도 있을 거라면서 말이다.

　기억을 떠올리면서 깊숙이 생각해 보건대, 나중에 웃으며 말할 수 있는 사건들은 사소함이라는 특징을 띠고 복합적인 감정의 반응을 이끌어 내는 사건들이다. 땀이 나고 덥고 힘들어서 벌어진 사소한 갈등이었기에 우리는 웃어넘길 수 있었고, 그 속에서 행복이라는 감정을 느꼈다. 만약 사안이 중대했더라면, 혹은 심각하게 다가왔다면 우리는 훗날에 웃어넘길 수 없었을지도 모른다. 오히려 걱정을 하거나 진심으로 안타까워하는 등의 반응을 보였을 것이다. 아니면 말하는 것만으로 그때의 감정이 올라와 아예 얘기하지 못할 정도이거나.

　다른 기억은 나에게 많은 추억을 공유하고 있는 고등학교 친구들과의 일이다. 지난겨울, 우리는 강원도 강릉으로 다 같이 여행을 갔었다. 하필이면 여행 간 날이 전국적으로 70년 만의 기록적인 폭설이 내렸던 날이었다, 걸어 다닐 수가 없을 정도로 많은 눈이 내렸었고, 신발은 물론 옷 역시 다 젖은 채 얼어붙었다. 옷이 젖자마자 얼어붙는 것을 상상해 본다면 얼마나 끔찍했는지 알 수 있다. 우리는 목적지까지 가지 못하고 겨우 근처 건물에 잠시 들어와 몸을 숨겼다. 갑자기 성현이 발이 깨질 듯이 아프다며 구석에서 한쪽 신발과 양말을 벗기 시작했다. 그러다 잘 안 벗겨진다며 힘을 주며 몸을 젖히는 순간 양말이 하늘을 날아 가장 멀리 있던 승민의 머리에 안착했다. 이후 3초간 정적이 흐르고 승민은 형용할 수 없는 욕설을 뱉기 시작했으며 우리는 다 같이 웃기 시작했다. 몸이 홀딱 젖은 채로 머리에 양말을 얹고 있는 그 모습은 너무나 안타까우면서도 한없이 웃긴 모습이었다. 시간이 지나서 다 같이 모여 이 일에 대해서 얘기를 나눴을 때, 승민은 지금 와서야 웃어넘길 수 있지만 그 당시에는 정말 화가 많이 났었다며 한숨을 쉬곤 했다. 어이없는 점은 되려 성현은 자기 기억에 승민이 그렇게 화를 내지 않았다며 우리에게 이야기를 과장하지 말라 했다는 것이다.

이처럼 과거의 일이 시간이 지남에 따라 퇴색되고 미화되어서 웃어넘길 수 있는 경우가 있다. 당시의 느꼈던 감정과 지금 회상해 보았을 때 느껴지는 감정이 다소 다른, 어쩌면 하나의 얘깃거리가 되는 일들 말이다. 혹은 성현처럼 기억이 왜곡되어 다르게 기억하는 경우도 있다. 나는 이렇게 웃어넘기게 될 수 있는 것, 남들과 다르게 회상하는 이유가 우리의 기억 덕분이라 생각한다. 기억의 주된 특성 중 하나는 왜곡이다. 인간의 기억은 쉽게 왜곡되고 변하는 경향이 있고, 이는 행동이나 상황, 맥락, 사후 정보 등에 의해 이루어진다. 재밌는 것은 기억을 떠올리게 하는 과정에서 단순히 단어 하나만 바꾸어 말해도 인간의 기억은 왜곡되고 만다(Loftus의 목격자 기억). 이와 같은 기억의 특성 덕분에 우리는 과거를 미화하고, 웃어넘길 수 있을지도 모른다. 충격적인 과거의 감정을 그대로 기억하는 것은 우리에게도 고통스러운 일일 테니, 왜곡을 통해 기억을 다시금 떠올렸을 때 전보다 담담히 마주할 수 있도록 말이다.

# 정재희

심리학을 공부하고, 사람들의 행동을 관찰하는 것을 좋아합니다. 관찰과 기록은 우리를 이롭게 하는 일차적인 개인의 영역이지만, 저에게 담긴 기록과 경험을 풀어내는 건 가치를 전하는 글의 힘이 필요합니다. 저의 관찰과 기록이 여러분께 닿이 새로운 경험이 되길 바라는 마음입니다.

# 경수난시대,
# 그 안에서 나를 마주하다

◇ 김경수

살다 보면 하루 종일 실수하고 안 좋은 일이 연달아 생기는 날이 있다. 나는 그런 날을 '경수난시대'라고 부른다. 내 이름인 '경수'와 '수난시대'를 합친 말이다. 지금까지 나는 실수를 해도 '그럴 수 있지' 하며 대수롭지 않게 넘겼다. 사람은 누구나 실수를 하니까. 하지만 이날은 달랐다. 나는 재작년 여름에 있었던 '경수난시대'에 대해 이야기하려 한다.

나는 2022년부터 수학 학원과 영어 학원 조교로 아르바이트를 하고 있다. 재작년 8월 초, 수학 학원에서 함께 일하는 언니가 8월 말 토요일 대타를 부탁했다. 마침 아무 일정도 없던 날이라 가능하다고 했고, 언니는 실장님께 연락을 드리겠다고 했다. 이후 언니가 다시 연락을 주면서 출근 시간과 근무에 대해 알려줄 것이라 생각했다. 그러나 언니에게서 아무 연락도 없었고, 실장님 또한 아무 말이 없으셨다. 나는 불안함을 느끼긴 했지만, 평소와 다름없이 일상을 보냈다. 그렇게 2주가 흐른 뒤, 8월 말에 영어 학원에서 토요일 대타를 구한다는 연락을 받았다. 그때 나는 수학 학원 대타에 대해 완전히 잊고 있었다. 그래서 영어 학원의 대타를 하기로 했고, 일정 앱에 저장도 해두었다.

그러던 중, 대타 당일인 새벽 4시쯤 갑자기 수학 학원 대타가 떠올랐다. '다시 연락이 오겠지'라며 계속해서 하루하루를 보내다가, 결국 대타 당일이 되어버린 것이다. 곰곰이 생각해 보니, 언니가 실장님께 연락을 드리겠다고 했어서 실장님은 내가 대타를 한다고 알고 계셨을 것 같았다. 그러나 언니에게서 출근 시간이나 근무 사항을 구체적으로 전달받지 못했기 때문에, 내가 대타를 하기로 한 것인지 확실하지 않았다. 아침에 불안한 마음으로 실장님께 전화를 드리니, 역시나 실장님은 내가 대타를 한다고 알고 계셨다. 나는 확인을 제대로 하지 않고 같은 날 2개의 대타를 잡아버린 것이다. 두 대타 시간이 겹쳐서 결국 둘 중 하나만 가야 하는 상황이 됐다. 나는 수학 학원 실장님께 사과드리고, 양해를 구한 후 영어 학원 대타를 가게 되었다.

실장님께 정말 죄송한 마음이 들었지만, 그 당시에는 내 잘못이라기보다는 억울한 마음이 더 컸다. 대타에 대해 내가 제대로 들은 바가 없었기 때문에, 내가 하지 않아도 된다고 생각했다. 그러나 계속 생각해 보니, 내가 다시 한번 확인을 해야 했다. 일정에 대해 정확히 알아보고 확인했어야 했는데, 이를 소홀히 했다. 내 잘못이라고 깨달은 순간, 자책과 부끄러움이 밀려왔다. '왜 제대로 확인을 하지 않았을까?', '항상 신중하고 꼼꼼한 내가 왜 이런 실수를 했을까?', '내 잘못을 인정하지 못한 내 모습이 부끄럽다' 같은 생각들이 계속해서 떠올랐다. 수학 학원에 피해를 준 것에 대한 죄송함과 이러한 상황을 만든 나 자신에게 화가 났다.

이런 복잡한 마음으로 영어 학원 대타를 갔으나, 업무에 집중할 수 없었다. 계속해서 그 실수를 되새기며 자책을 했다. 딴생각을 하다 보니 인쇄 범위를 잘못 설정해 종이를 낭비하고, 문서 작업을 할 때도 오타를 내거나 전혀 다른 내용을 넣는 등 실수를 했다. 퇴근 후 집에 가는 길에 음료를 잘못 주문하는 실수까지, 하루 종일 실수투성이였다.

집에 와서 하루를 되돌아보며 나 자신을 돌아봤다. 처음부터 내 잘못을 인정하지 않았던 태도, 그리고 실수에 사로잡혀 다른 실수까지 만든 내 모습이 너무 싫었다. 계속해서 불편한 마음이 들어 그 실수와 감정을 글로 적어 정리해 보았다. 첫 번째, 남에게 피해를 주었다. 내가 확인을 제대로 하지 않아서 수학 학원의 근무에 차질을 주었고, 그 점에 대해 너무 죄송한 마음이 들었다. 두 번째, 내 실수를 바로 인정하지 못했다. 나는 평소에 신중하고 꼼꼼한 성격이라, 예상치 못한 실수를 받아들이기가 힘들었고, 그로 인해 나 자신에게 화가 났다. 세 번째, 하나의 실수에 사로잡혀 다른 실수를 계속 만들었다. 내 잘못을 인정하지 못한 부정적인 감정이 다른 일에까지 영향을 미친 것이다.

심리학적으로, 글쓰기는 정신적, 신체적 건강에 긍정적인 영향을 미친다고 한다. James Pennebaker는 '감정 표현 글쓰기'가 스트레스를 줄이고, 심리적 안정감을 준다고 밝혔다. 특히 부정적인 경험이나 감정을 글로 표현하면 정서적 회복력을 높이고, 트라우마나 우울증 증상도 완화시킬 수 있다고 한다. 그뿐만 아니라, 자기 자신을 관찰하고 내면의 변화를 기록하는 과정은 자아존중감과 자기 이해를 높이는 데 도움이 된다.

처음에는 계속해서 내 잘못을 생각하며 힘들었지만, 하나씩 적어나가다 보니 내 실수와 감정을 객관적으로 바라볼 수 있었다. 자책하던 생각들을 정리하며 부정적인 감정의 원인을 알게 되었고, 조금씩 나를 받아들이게 되었다. 그 결과, 긍정적으로 나 자신을 바라보며 '앞으로는 확실히 일정을 확인하겠다'는 다짐을 했다. 이 일을 계기로 실수를 하게 되면 글로 적고 읽으면서 감정을 정리하는 습관을 가지게 되었다. 그 과정에서 부정적인 감정들을 정리할 수 있었고, 이를 통해 부정적인 생각들을 긍정적인 방향으로 바꿀 수 있었다.

이 글을 읽는 여러분도, '수난시대'가 찾아와 실수와 자책으로 마음이 가득 차 있을 때, 글로 써보는 것을 추천한다. 손으로 쓰고, 그 생각과 감정을 눈으로 읽으면서 정리해 나갈 수 있다. 그 과정에서 얻은 깨달음을 통해 실수를 인정하고, 나 자신을 받아들이며 앞으로 나아가길 바란다.

김경수

공연을 좋아하고 사랑하는 대학생입니다. 공연이 주는 메시지로 울고 웃으며 삶에 대해 사색하는 것을 좋아합니다. 새로운 도전을 두려워하고 걱정이 많지만 조금씩 나아가며 20대를 찬란한 삶으로 채워나가고 싶습니다. 먼 훗날엔 많은 사람들에게 도움을 주고 힘이 될 수 있는 든든한 사람이 되는 것이 꿈입니다.

# 프렌치토스트가
# 내게 가르쳐 준 것

◇ 김승은

친구와 브런치(Brunch) 카페에 자주 가던 시기가 있었다. 아침과 점심 사이에 가볍게 먹는 식사라는 그 의미에 따라, 이른 점심에 만나 오랫동안 이야기 나누기 좋았기 때문이다. 당시 자주 가던 브런치 카페는 고급스러운 실내장식, 넓은 좌석, 아기자기한 메뉴판을 가지고 있었다. 이 작은 요소 하나하나가 정성스러워 보였다. 정성 들여 운영하는 곳에서 식사하면 나를 아껴주는 기분이 들어 자주 찾게 되었다.

다만 브런치에는 한 가지 단점이 있다. 가격이 비싼 편이라는 점이다. 적당히 배부를 정도의 양인데도 2만 원 남짓, 비싸면 3만

원까지도 하는 메뉴는 대학생인 내게 큰 지출이었다. 그래서 메뉴를 고를 때는 늘 신중함을 더했다. 꼼꼼히 메뉴판 상세 이미지를 보고, 메뉴 이름 하단에 적힌 설명을 읽었다. 미리 검색해 대표 메뉴와 사람들이 추천하는 메뉴는 무엇인지 찾아보기도 했다. 나를 아껴주는 시간인 만큼, 선택에 실패하고 싶지 않았다.

이러한 노력에도 실패하는 날이 있다. 그날의 메뉴는 프렌치토스트였다. 메뉴판 이미지 속 노랗고 촉촉해 보이는 토스트와 그 위에 반질반질하게 뿌려져 있는 꿀이 단번에 내 눈을 사로잡았다. 과일까지 곁들여져 있으니, 씁쓸한 아메리카노와 함께 먹으면 달콤하고 기분 좋은 점심 식사가 될 것 같았다. 한껏 기대에 부풀어 주문하고 그날도 2만 원 가까운 금액을 결제했다. 당시 시급인 9,860원으로 환산하면 약 2시간이다. 그만한 가치가 있기를 바랐다.

메뉴가 예쁜 접시에 담겨 나오자, 스마트폰 카메라로 몇 장의 사진을 찍었다. 조명이 밝아 사진이 먹음직스럽게 잘 나왔다. 만족스럽게 스마트폰 화면을 끄고, 토스트를 포크로 쿡 찔러 나이프로 작게 썰었다. 한입에 쏙 들어갈 크기로 잘라 입에 넣는 순간 깨달았다. '이거 계란빵이잖아!' 그랬다. 내가 기대하고 기대한 프렌치토스트는 꿀과 과일을 좀 올린 계란빵이었다. 내 2만 원이 의미를 잃고 사라지는 순간이었다.

　어릴 적 가장 좋아했던 간식이 뭐냐고 물으면, 엄마가 프라이팬에 구워 만들어 주시던 계란빵이었다. 촉촉하고 달콤한 빵에 우유를 함께 먹으면 그날의 행복은 다 채운 셈이었다. 나에겐 너무나 소중한 추억의 빵이었지만, 프렌치토스트를 주문하며 기대했던 맛과는 거리가 멀었다. 게다가 원래도 달콤한 빵에 꿀, 과일, 작은 생크림까지 얹으니, 머리가 아플 정도로 달았다.

　그때 문득 '라벨링 효과(Labeling Effect)'가 떠올랐다. '프렌치토스트'라는 세련된 느낌이 드는 이름과 손으로 그린 것처럼 아기자기한 비주얼을 볼 때는 기대에 찼지만, '계란빵'이라고 이름을 바꾸자 흔히 먹을 수 있는 집 간식처럼 느껴졌다. 내 마음속 꼬리표가 달라지자, 대상은 변하지 않았음에도 인상이 달라졌다.

　이런 경험은 한 번뿐이 아니었다. 복숭아가 제철이던 어느 여름, 유명한 디저트 카페에 갔을 때 일이었다. 당시 여기저기서 복숭아를 활용한 디저트를 판매하고 있었다. 그 디저트 카페도 유행에 발맞춰 복숭아 케이크를 선보였다. 평소 케이크 맛집으로 잘 알려져 있었기에 기대하고 방문했다. 한 조각당 가격이 꽤 비싸다고 생각하면서도 설레는 마음으로 결제했다.

　주문을 끝내고 받은 복숭아 케이크는 참 예뻤다. 상단에 복숭아 조각이 크게 올라가 있었고, 케이크 단면 속 복숭아의 분홍빛과 생크림의 하얀 색이 조화롭게 어울렸다. 그러나 그 케이크도 한 입 먹고 실망할 수밖에 없었다. 익숙한 맛이었다. 대기업에서 출시해 판매하는 떠먹는 타입의 복숭아 요구르트와 맛이 똑같았다. 작게 자른 복숭아가 씹히는 느낌도, 생크림이 촉촉하게 감싸는 느낌도, 모두 요구르트를 먹을 때와 같았다. 특별한 맛을 기대했지만, 익숙한 맛이 먼저 고개를 들었다.

　이러한 경험을 돌아보면 돈 낭비했다는 생각이 들어 입안에 쓴맛이 감돌지만, 한 가지는 분명히 깨달을 수 있다. 나는 먹는 경험을 통해 큰 즐거움을 얻는 사람이 아니라는 점이다. 비싸고 유명한 음식점을 찾아도 큰 특별함을 느끼지 못했다. 적당한 가격에 적당한 맛이면 충분했고, 그에 더해 가게 직원이 친절하면 지도 앱에 저장해 두고 다시 간다. 이제야 내가 다시 가고 싶은 곳, 다시 먹고 싶은 음식이 어떤 느낌인지 알 것 같았다. 낭비를 통해 찾은 나의 취향이다.

　요즘 나는 내 취향을 찾아가는 과정에 열중하고 있다. 방 정리를 하다 우연히 고등학교 때 썼던 플래너를 발견했다. 당시 작은 코멘트 칸에 매일 짧은 일기를 적어두었는데 다시 보니 새로웠다. 그때의 나는 어떤 생각을 했고, 무엇을 좋아하고 싫어했는지가 고스란히 남아 있었다. 그런데 지금의 나는 무얼 좋아하고 싫어하는지 선뜻 떠올리지 못한다. 하루하루를 돌이켜 봐도 뭉뚱그려 '괜찮았다', '나쁘지 않았다' 정도의 감상만 남아 있다.

그래서 다시 일기를 쓰기로 했다. 어떤 경험을 하든 그때의 감정을 섬세하게 돌아보기 위해, 나를 더 잘 알기 위해 하루를 작은 노트에 기록하고 있다. 새롭게 알게 된 취향, 읽은 책, 인상 깊었던 순간 등 내가 좋아하는 걸 차곡차곡 모아 적는다. 언제 펼쳐 보아도 기분 좋아질 나만의 휴식처를 만들고 있다. 부정적인 경험을 해도 나를 찾아가는 과정이라고 이름 붙이면 즐거워진다. 싫다는 감정도 나의 일부분임을 받아들이게 된다. 나에 대해 알아가며 더 나은 선택을 하고, 그 속에서 더 큰 기쁨을 느낄 수 있게 된다.

앞으로 더 행복해질 나를 위해, 오늘도 나는 내 취향을 조각한다.

# 김승은

안녕하세요. 저는 일상의 사소한 경험에서 의미를 찾고, 그것을 글로 풀어내는 것을 좋아하는 사람입니다. 작은 선택에서도 나를 알아가는 과정이 담겨 있다고 믿으며, 때론 한 끼 식사에서도 깨달음을 얻습니다. 이번 에세이에서는 브런치를 통해 발견한 '라벨링 효과'와 나의 취향을 찾아가는 여정을 담았습니다. 경험을 통해 나를 더 깊이 이해하고, 그 과정을 기록하며 성장하는 것이 저만의 작은 즐거움입니다.

# 이건
## 예고편에 불과해

◇ 이연수

캐나다에 도착한 지 이틀째. 비행기 속 13시간이라는 긴 여정을 마치고, 드디어 새로운 땅에 발을 디딘 순간. 그때의 설렘이 아직도 생생해. 첫날의 우당탕함 속에서 펼쳐진 일들은 앞으로 2주를 더욱 기대하게 만들어 줬어. 여행의 시작을 특별하게 해준 몇 가지 소소한 일들 한번 들어볼래?

**혹시 기내식이 몇 번 나오는지 알아?**

나는 장거리 비행이 처음이라 기내식이 몇 번 나오는지, 언제

나오는지 전혀 몰랐어. 비행기가 이륙하고 2시간이 지나고 나니까 기내식이 나오더라. 그런데, 내가 싫어하는 야채가 너무 많은 거야. 그래서 조금밖에 못 먹고, '아, 이제 11시간 동안 꼼짝없이 굶어야겠구나' 생각하면서 잠에 들었어. 시간이 흐르고, 비행한 지 7시간쯤 됐나, 간접 등 불빛에 눈을 떴어. 승무원분들이 핫도그를 나눠주고 계신 거야. 장거리 비행을 하니까 간식도 주네 싶어서 조금 신이 났던 것 같아. 잠결에 받아 먹었는데, 와 이렇게 맛있는 핫도그가 있다니. 아마도 처음 먹은 기내식이 내 입맛에 맞지 않아서였겠지?

    시간이 흐르고 비행기가 곧 도착할 시간이 돼서 실내등이 전부 꺼졌어. 창밖을 바라보며 잠시 눈을 감은 순간, 옆에 앉은 뷰이 나를 툭툭 치며 부르는 거야. 놀라서 눈떠보니, 승무원분이 나를 바라보고 있었어. 알고 보니, 기내식이 한 번 더 남았던 거야! 순간 나 혹시 먹고 자고×3 사육당하는 건가 싶더라. 그런 생각도 잠시 막상 먹으니까 너무 맛있고, 기내식인데도 퀄리티가 좋다고 느꼈지. 나에게 기내식은 단순한 식사가 아니라, 나의 여행 첫 시작을 알리는 특별한 경험이었던 것이었던 것 같아.

### 캐나다에도 하나은행이 있는 거 알아?

캐나다에 도착하자마자 사건이 하나 생겼어. 나는 캐나다에 사는 친구한테 "교통카드를 어떻게 사야 할까?"라는 질문을 던졌어. 왜냐하면 한국에서 환전을 안 해 왔거든. 변명을 해보자면 몇백만 원을 현금으로 환전하는 건 불편하니까 캐나다 친구한테 돈을 보내고 친구 카드로 결제를 하면 될 거라고 생각했어……. 그런데 이 소식에 친구는 멘붕이 왔지. "무슨 생각으로 환전을 안 해 왔냐고!" 친구의 목소리에서 당황함이 느껴졌어. 내 생각처럼 간단한 문제가 아니었나 봐. 나는 그때, 나의 무모함을 깨달았어.

결국, 해외 결제가 되는 카드가 있었던 덕분에 큰 문제 없이 해결할 수 있었어! 그리고 토론토에 하나은행이 있다고 하니까 내일쯤 가서 환전해 보려고. 다행히 한국인 직원분들도 계신 것 같아. 이번 일로 배웠으니 된 거 아니겠어? 친구는 나를 보며 태평하다고 한 소리 했지만, 여기서 내가 어찌지 하면서 우울해 있는 것보단 방법을 찾는 게 나으니까. ㅎㅎ 수수료는……. 나의 멍청비용이라고 생각하고 넘기려고.

### 캐나다에서는 아이스초코를 뭐라고 해?

친구의 마중을 기다리며 공항을 둘러보던 중, Tim Hortons라는 카페가 눈에 띄더라. 속이 허전하던 차에 뭐라도 먹기로 했어. 주문할 차례가 되었고, 나는 커피를 좋아하지 않아서 아이스초코를 필사적으로 찾았어. 근데 메뉴판에서 아이스초코는 없고, 핫초코만 있는 거야. 흠 그래서 "Hot Chocolate 말고 Ice Chocolate 주세요!"라고 주문했는데 직원분이 고개를 갸우뚱했어.

아, 이곳에서는 아이스초코라는 표현을 쓰지 않는구나 싶어서, "Chocolate Milk, Please!"라고 다시 말했지. 그런데도 진열된 초코우유 상품을 가리키시더라. 결국, 고민 끝에 "Ice Chocolate Latte!"라고 말했어. 직원분이 "Cold Latte?"라고 되물으셨고, 나는 드디어 말이 통했다고 생각하고 "Okay!"라고 대답했어. 근데 나온 음료의 색깔이 생각보다 너무 연한 거야. 한 입 먹어보니 역시……. 카페라테였어. 처음에는 실망했지만, 막상 먹어보니 의외로 맛있더라고. 이렇게 내 기대와는 다른 결과가 나왔지만, 좋은 게 좋은 거라고. 여행의 즐거움은 언제나 예상치 못한 순간에 찾아오는 법이지. 나중에 친구한테 캐나다에서는 아이스초코를 뭐라고 하는지 물어봐야겠어.

이 모든 경험들이 나에게 주는 메시지는 분명해. 인생은 예상치 못한 일들로 가득 차 있지만, 그 속에서 배움과 웃음을 찾을지 말지는 나한테 달려 있다는 거. 캐나다에서의 2주, 오늘까지의 일은 예고편에 불과할 만큼 더 많은 웃픈 이야기를 기다리고 있어. 여행은 끝이 아니라 시작이라는 걸 다시 한번 느끼면서, 새로운 모험을 기대해 보려고!

# 비엔나가 싫어서
# 울어본 적 있어?

◇ 이채현

나는 밥을 먹을 때마다 미드 '모던패밀리'를 틀어놓는다. 미국 가족들의 일상을 다룬 시트콤인데 예상치 못한 감동 포인트들이 있어 좋아한다. 가장 기억에 남는 에피소드 중에 'Haha moment' 라는 단어가 나오는데 힘들지만 돌이켜 보면 웃을 수 있는 순간으로 기억될 것이라는 뜻이다.

누구나 지우고 싶은 흑역사가 있을 것이다. 당시에는 '하하'하고 쿨하게 넘기지 못했던 일들. 나에게는 그런 순간들이 융단폭격처럼 일어났던 적이 있었다.

지금으로부터 4년 전 20살 때의 일이다. 이제 막 성인이 되어 학교생활에 익숙해질 때쯤 나는 집 근처 비엔나커피 하우스라는 카페에서 아르바이트를 시작했다. 카페는 목제 인테리어에 빨간색 소품으로 포인트를 준 고풍스럽고 아늑한 분위기였다. 게다가 비엔나커피가 대표 메뉴인 카페라니! 그곳에서 일을 한다면 어딘가 지적인 느낌을 물씬 풍기는 멋진 사람이 될 수 있을 것 같았고 이는 20살 대학생의 마음을 사로잡기에 충분했다. 결국 나는 면접을 보고 합격하였고, 멋지게 커피를 만드는 모습을 상상하며 근무를 시작하였다.

처음에는 사장님의 딸에게 일을 배웠다. 나보다 2살 많은 언니였다. 비슷한 또래이니 말도 잘 통했고 이제 막 일을 시작한 나를 친언니처럼 잘 챙겨주었다. 덕분에 카페에 가면 따끈따끈한 갓 구워진 빵과 막 내려 고소한 아메리카노를 무제한으로 먹을 수 있었다. 카페 알바생의 특권이랄까. 덕분에 살은 좀 붙었지만, 아직도 그 맛을 잊을 수 없다. 또 언니는 다음 날 아침으로 먹으라고 빵을 챙겨주었고 심지어는 할머님이 담가주신 김치까지 주었다. 한국인이 김치를 준다는 것은 마음을 주는 것이지 않은가. 그래서 더 열심히 하려고 했다.

내가 맡은 시간은 10시 오픈 타임이었다. 바빠지기 시작하는 12시 전까지 혼자 근무하였다. 초반 몇 주는 언니와 함께 오픈하며 교육을 받았고 일이 어느 정도 익숙해진 후 실전에 투입되었다. 하지만 나는 말 그대로 벌벌 떨며 일을 시작했다. 결과는 역시나. 혼자 일하는 2시간 동안 정말 많은 일들이 일어났다. 자잘한 실수부터 대형 사고까지 아주 그냥 실수 파티였다.

가장 기억에 남는 에피소드들을 풀어보겠다. 우리 카페는 뚜껑을 닫을 수 있는 유리잔에 라벨지를 붙여 각종 가루류를 보관하곤 했는데, 뚜껑만 열면 유리잔이 되기 때문에 에이드 잔으로도 사용했다. 어느 날 손님이 다 드신 에이드 잔을 카운터에 가져다주고 가셨는데 아뿔싸! '녹차 가루'라고 쓰인 글씨가 물에 번져 있었다. 에이드 잔이 아니라 가루류를 보관하는 잔에 음료를 담아드렸던 것이다. 어찌나 죄송하고 민망하던지. 사과를 드리려고 했는데 손님은 이미 떠나신 후였다.

어떤 날은 오픈하는 도중 손님들이 오셨는데 아메리카노 위에 생크림을 얹은 비엔나커피를 주문하셨다. 그런데 너무 당황하여 라테 위에 올라가는 소금 크림을 올려드렸었다. 크림이 바뀔 경우 맛이 아주 이상해지는데 손님들이 가시고 음료를 잘못 만든 것을 깨달았다. 아마 그 손님은 짭짤하게 하루를 시작하셨을 것이다. 이뿐만 아니라 시간을 착각하여서 한 시간 먼저 카페를 오픈했던 날도 있었고, 1kg에 7만 원 하는 비싼 원두를 바닥에 전부 쏟은 적도 있었다. 원두가 타다닥 부딪히며 우수수 쏟아지는데 정말 눈앞이 하얘졌었다.

이렇듯 기대했던 것과는 달리 카페 일은 만만치 않았다. 오랜 시간 서 있으니 다리가 아팠으며 손목은 성치 않고 가끔 무례한 손님을 상대하는 것도 진이 빠졌다. 하지만 무엇보다도 가장 힘들었던 것은 나에 대한 자괴감이었다. 열심히 하는데 결과는 왜 내 마음 같지 않은지, 일머리가 좋은 사람은 따로 있다는데 나는 멍청한 사람인 건지 등 못된 생각들이 나를 좀먹었다. 월급을 받으며 일을 하는 것인데 내가 폐만 끼치는 사람처럼 느껴졌다. 나에게 잘해주는 언니에게도 미안했다. 집에 돌아와서 우는 날도 많았다. 또다시 실수할까 봐 무서웠고 정말 정말 출근하기 싫었다. 카페에 출근하기 전날부터 핑계를 대며 못 나간다고 할까 생각했던 적도 많았다.

하지만 나는 포기하지 않았다. 여기서 그만두면 나는 그냥 패배자로 남을 것 같았다. 그래서 이 악물고 버텼다. 그렇게 꾸역꾸역

한 달, 두 달 다니다 보니 다행히도 일이 손에 익었다. 바쁜 시간에 손님들이 들이닥쳐도 주문받기, 음료 제조, 디저트 세팅 이 세 가지를 동시에 척척 해낼 수 있게 되었다. 물론 중간중간 자잘한 실수는 있었지만, 당황은 잠깐 빠르게 대처할 수 있는 능력이 생겼다.

그렇게 카페에서 1년 동안 근무했다. 카페에서 사계절을 보내니 다른 아르바이트도 해보고 싶다는 생각이 들었다. 그래서 카페 일을 그만두게 되었고, 나를 이어 일하게 되실 분에게 인수인계를 해드렸다. 내가 다른 사람에게 일을 알려줄 만큼 성장했던 것이다. 근무 마지막 날에는 그렇게 두려워했던 카페에 정이 들어 카페 곳곳을 사진으로 찍어두었다. 그리고 또 다른 아르바이트를 구해 얼마 전까지 햇수로 약 3년 동안 영어 학원에서 베테랑 조교로 근무하였다. 이제 나는 졸업을 앞두고 있으며 학교 밖으로 나아갈 준비를 하고 있다.

특히 이제 막 20살이 되어 사회에 첫발을 내딛는 친구들에게 이 말을 전하고 싶다. 누구나 처음에는 실수하기 마련이다. 하지만 '괜찮다'고 스스로 다독이며, 가볍게 털고 다시 일어나면 된다고 말이다. 앞서 말한 실수들이 과거에는 너무 부끄러웠지만 지금 생각하면 피식 웃음이 나오는 재밌는 일화로 기억된다. 심리학에는 '회복탄력성'이라는 개념이 있다. 이는 어려운 상황에서 좌절을 하더라도 다시 일어날 수 있는 힘이라는 뜻이다. 지금은 힘들더라도 괜찮다며 스스로를 다독여 보자. 그러다 보면 언젠가 '하하' 웃게 될 날이 올 테니까!

_____ 이채현

임상심리학자를 꿈꾸는 심리학 전공생입니다.
영화와 미드 「모던패밀리」를 좋아합니다.

# 습관을
# 바꾸게 된 계기

◇ 이현주

나에게 팀 프로젝트는 대학 생활에서 정말 어려운 과제였다. 다른 사람들이 보기에는 여럿이서 하는 게 혼자 하는 것보다 편하다고 생각할 수 있겠지만, 나에게는 여럿이서 하는 게 많이 부담이었다. 혼자 하는 과제는 조금 못해도 나만 그 영향을 받지만 팀 프로젝트에서는 과제를 못하면 팀 전체에 영향이 가기 때문이다. 과제를 못해서 팀에게 피해를 끼치면 안 된다는 압박감을 느꼈고, 이는 대학교 2학년 때 조직심리학 팀 프로젝트 시간에 드러났다.

내게는 팀 프로젝트에 치명적인 두 가지 큰 단점이 있는데, 첫 번째는 과제 능력이 떨어지는 것이다. 나는 평소에 역할 분담에서

PPT 제작과 발표에 자신이 없어서 자료조사만을 희망해왔다. 발표를 할 때는 긴장을 심하게 해서 목소리가 덜덜 떨려 우는 것처럼 들렸고, 질의응답 시간에 굳어서 답변을 제대로 하지 못했다. PPT 제작은 디자인적 감각이 약하고 PPT를 제대로 만들어 본 적이 별로 없어서 자신이 없었다.

두 번째는 내 심각한 미루기 습관 때문이었다. 나는 특별히 하고 있는 일이 없을 때에도 당장 과제를 하기 싫다는 이유로 다른 할 일을 찾았고 마지막의 마지막까지 미루다가 하기 십상이었다. 그 결과 개인 과제의 경우 기간 내에 제출을 못 한 경우도 있었고, 팀 과제의 경우 새벽에 자료를 전달한 경우가 많았다. 미루기 습관 때문에 남에게 피해를 끼치는 경우가 있을까 봐 팀 프로젝트를 하는 것이 더 부담되었다.

이번 팀 프로젝트도 자신 없는 발표와 PPT 제작을 피해 자료조사 역할을 희망했지만, 불행히도 사다리 타기를 통해 PPT 제작을 맡게 되었다. 불안하고 자신이 없었지만, PPT 제작을 이미 하게 된 이상 피할 수는 없었다. 실망스러운 PPT를 만들어서 팀원들에게 민폐를 끼치기는 싫었기에 처음 만드는 것처럼 보이지 않도록 만들어야겠다고 다짐했다.

PPT를 제대로 만드는 것은 처음이었기에 적당히 깔끔한 PPT 디자인을 고르는 것도, 팀원들이 보내준 자료를 통합해서 정리하는 것도 어려웠다. PPT에 어느 정도까지 자료의 내용을 담아야 하는지도 혼자서 판단하기 힘들었다. 그렇게 계속 고민을 하면서 새벽까지 PPT를 만들었고 팀원들에게 전달했다. 이번 과제는 나름 나치고는 과제를 미루지 않고 빨리 시작한 편이라고 생각했지만 처음 하는 것이다 보니 시간이 더 걸렸던 것 같다.

밤을 새워서 만들어서 매우 힘들었지만 처음 한 것치고는 잘 만든 것 같았다. 디자인도 괜찮았고, 알맞은 사진과 그래프 등의 자료를 활용했다. 핵심만 강조하거나 비교하는 레이아웃들을 활용해서 내용이 한눈에 들어오게 하려고 노력했다. 스스로 결과물이 마음에 들어서 뿌듯했고, 다음부터 PPT 제작 역할을 맡아도 괜찮겠다고 느꼈다. 하지만 이 생각은 내 오만이었다.

완성된 PPT를 팀 단톡방에 보내고, 그날 저녁에 PPT 방향성을 다시 정해야 할 것 같은데 전화로 연락이 가능한지 물어보는 연락이 왔다. 방향성에 대한 지적이라니, 내가 팀원들이 보내준 자료를 잘못 정리한 것일까 봐 걱정됐다. 방향성의 문제라면 수정이 매우 많이 필요할 것 같기 때문이었다. 그렇게 긴장 속에서 통화를 받았고 전혀 알아채지 못했던 내 실수를 깨달았다. 팀원들이 보내준 자료를 다 확인하지 않은 것이다!

팀원들이 보내준 단톡방 속 자료 파일은 총 4개였는데 2개는 비교적 빨리, 2개는 마감 기한에 맞춰 보내줬었다. 비교적 빨리 보낸 자료의 알람은 봤지만 PPT를 만들기 시작하기까지는 기간이 꽤 남아서 당장 확인하기 귀찮았었다. 그리고 단톡방의 스크롤이 길어졌고, 이전에 보내준 자료를 까먹은 나는 최근 보내준 자료 2개가 끝이라고 생각했다. 빨리 보내준 자료가 중심 자료였고, 최근에 보내준 자료가 추가 자료였다. 나는 추가 자료만 보고서 PPT를 제작한 셈이었고, 이를 확인한 팀원들은 당황하고 방향성에 문제를 느낄 수밖에 없었다.

통화를 하며 이전에 보내주신 중심 자료를 확인하지 못했다는 사과와 함께 빠르게 다시 제작하겠다는 말을 전했다. '내가 생각해도 어이가 없는데 팀원들은 얼마나 당황했을까' 하는 생각이 들었다. 아침에 PPT 제작을 잘한 것 같다며 뿌듯했던 나 자신이 어이가 없고 웃겼다. 팀원들이 나를 과제를 잘 못하는 사람으로 봤을 것 같아 정말 쪽팔렸다. 동시에 다시 PPT를 제작해야 한다는 절망감과 피로감이 몰려왔다.

방향성 문제뿐만 아니라 가독성에 대한 지적도 받았다. PPT에 글이 너무 많아 줄여줬으면 좋겠다는 것이었다. 아침에 PPT를 완성했을 때는 적당해 보였는데 통화를 마친 후에 확인해 보니 내가 봐도 PPT에 글이 너무 많았다. 밤을 새우고 나서 판단력이 흐려졌던 것인지, 스스로 잘했다고 생각하며 오만함에 빠져 있던 것인지 다시 확인해 보니 정말 문제가 많았다. 잘 만들었다고 생각한 PPT가 문제 덩어리라 웃기면서도 슬펐다.

결국 보내주신 자료를 제때 확인하지 않고 미뤘던 내 잘못 때문에 PPT의 방향성이 완전히 틀어졌고, 재제작을 위해 시간을 더 요청해서 하루 반 동안 다시 PPT를 만들었다. 만들면서 계속 자괴감이 들었고, '자료를 미루지 않고 빨리 확인할걸'이라는 후회가 계속해서 밀려왔다. 이전에 나는 내 할 일을 미루는 습관을 조절할 수 있다고 생각했고 굳이 고칠 필요를 느끼지 못했다. 나중에 후회하더라도 팀 프로젝트에서 팀원들에게 피해를 준 적이 없었고, 과제 마감 기한은 항상 아슬아슬하게 맞췄기 때문이다.

하지만 이번 경험으로 내 생각은 완전히 깨졌다. 미루기를 조절할 수 있다고 믿었지만 조절할 수 없어 팀에게 피해를 끼쳤기 때문이다. 내게는 이번 실수를 하지 않을 기회가 두 번이나 있었다. 하나는 보내준 자료를 미루지 않고 바로 확인하는 것이고 하나는 과제를 미루지 않고 빨리 시작하는 것이었다. 결국 나는 미루기 습관 때문에 두 번의 기회를 놓치고 과제를 망쳐 후회하게 된 것이다.

스스로 조절할 수 있다고 믿었던 미루기 습관을 조절하지 못해 최악의 결과를 낸 것을 보고 처음으로 미루기 습관을 고쳐야겠다는 생각이 강하게 들었다. 이 습관을 고치지 않고 계속 가져간다면 또 커다란 사고를 치게 될까 봐 무서웠다. 미루기 습관을 고치는 것조차 하기 싫어 미뤄왔지만, 이제는 고칠 필요성을 느꼈고 다시는 이런 실수를 하지 않아야겠다고 다짐하는 계기가 되었다.

앞으로 나는 할 일을 내일로 미루는 대신에 계획을 짜서 날마다 할 과제의 양을 정해놓고 할 것이다. 계획을 세우고 목표치를 정하면 습관을 더 고치기 쉬울 것이다. 또, 공지나 팀원이 보내준 문자는 빠르게 확인할 것이다. 빠르게 확인해야 계획을 빨리 세울 수 있고, 오해가 생기는 것을 막을 수 있다. 이렇게 습관을 하나하나 고치다 보면 언젠가 미루기 습관을 완전히 없앨 수 있을 것이다.

이현주

가천대학교 심리학과 이현주입니다.
내향적이고 귀찮음이 많은 성격이지만 앞으로는 귀찮음을 이겨내고
한 걸음 더 나아가고자 노력하는 사람이 되고 싶습니다.

# 춥지만
# 따뜻한 크리스마스

◇ 김정윤

**산타 할아버지에 대한 믿음**

산타가 있다고 믿는가? 지금까지 살면서 한 번쯤은 믿어본 적 있는 경험이라고 예상한다. 산타가 있다고 믿었던 어린 시절의 기억을 떠올려 보면 설렘으로 가득 차 있다. 6살 적 12월 25일 아침, 나는 아침에 눈을 뜨고도 1시간 동안 방문을 열지 못했다.

'트리 밑에 선물이 있을까……? 없을까……?' 문 앞에서 나는 조마조마한 마음에 1시간 동안 문을 열지 못했다. 방문을 열면 거실에 있는 트리가 바로 보인다. 혹시나 트리 밑에 선물이 없을 가능성에 대한 두려움 때문에 한 번에 확인하지 못하고 방문을 0.5cm 정도로 아주 살짝 열어서 작은 틈새로 훔쳐보듯 보았다. 설렘과 걱정을 안고 문을 살짝 여닫기를 반복하다 보니 1시간이 지났다. 시간이 흐르고 용기를 내어 드디어 문을 활짝 열었다. 다행히 크리스마스트리 밑에는 선물이 놓여 있었다.

빨간색 포장지로 포장되어 있던 선물이 무엇이었는지는 기억이 나지 않는다. 하지만 고뇌 끝에 조심스레 문을 열고 선물을 확인하던 어린아이의 순수함과 기쁨이라는 감정의 선물은 선명하게 나의 기억에 남아 있다.

시간이 더 흘러 8살이 되어서도 산타 할아버지의 선물을 받았다. 이때 받은 선물이 물질적으로 더 큰 감동을 가져왔나 보다. 무엇이었는지도 기억이 난다. 바로 나의 첫 스마트폰이었다. 언니가 우리 집 우편함에 있었다면서 나에게 포장되어 있는 작은 박스와 편지를 건네주었다. 그 편지에는 삐뚤삐뚤한 글씨체였지만 "To 정윤, From 산타 할아버지"까지 적혀 있는 완벽한 형식의 편지였다. 편지의 글씨체를 보고 가족 중 누군가 왼손으로 쓴 게 아니냐는 예리한 질문을 했던 기억도 난다. 이때 당시 선물을 받으면서도 산타가 주는 게 아니라 가족들이 챙겨주는 선물이라는 걸 알고 있었지만, 산타 할아버지의 마지막 선물이라고 믿고 싶던 나의 순수함이 어렴풋이 남아 있었다.

이후 9살이 되던 겨울에 엄마가 직설적으로 "산타는 없다"라고 말해주셨다. 산타의 존재를 확인당한 순간이었다. 엄마의 말을 듣자마자 엉엉 울었던 기억이 난다. 산타가 없다는 사실을 알고 있었지만 어딘가에는 존재한다고 믿고 싶었던 나만의 믿음이 깨져버린 순간이었다. 9살의 나는 산타 할아버지가 실존하지 않음을 깨달았다.

22살의 나는 그것이 사랑이었음을 깨달았다.

**크리스마스의 사랑**

존재하지 않는 산타를 믿었던 시절이 얼마나 웃픈 순간인가. 산타를 믿었던 대다수는 그 웃픈 순간을 안고 살아간다. 그리고 그 웃픈 순간은 어린아이들의 동심을 지켜주고자 하는 사랑의 바통이 된다. 나는 어린 시절 가족들의 크리스마스 선물과 동시에 사랑의 바통을 받은 것이다.

크리스마스는 많은 사람들의 마음속에서 빨간색과 초록색을 연상시키며 자동적으로 캐럴이 재생되게 하고 혼자가 아닌 누군가와 함께 특별한 하루를 보내기를 바라게 만든다. 또한 소중한 사람들에게 선물을 주기도 하며 사랑을 실천하게 만드는 신기한 날이다.

사실 산타의 신화 탄생도 사람의 사랑이 시작점이고 사랑을 나눔 하는 개개인 모두가 산타인 것은 아니었을까? 산타는 있다고 하는 말이 완전히 틀린 말이 아닐지도 모르겠다. 앞으로도 사랑을 실천하여 춥지만 따뜻한 크리스마스를 보내기를 바란다.

김정윤

안녕하세요. 가천대학교 심리학과 재학 중인 김정윤입니다.
이 글을 통해 크리스마스의 따뜻함을 느끼셨기를 바랍니다.

# 모든 순간이
# 나였다

초판 1쇄 발행 2025. 6. 5.

**지은이** 고나현, 공다영, 김경수, 김다은, 김미진, 김승은, 김은희, 김정윤, 김채언, 김혜수, 남유나, 남혁신, 박소연, 박신영, 성보경, 손설, 손수아, 송승리, 신미선, 오다영, 오채림, 오채연, 왕승준, 윤서영, 이승수, 이연수, 이준현, 이지현, 이채우, 이채현, 이현주, 장다원, 전효주, 정원진, 정재희, 정혜원, 최혜만
**펴낸이** 김병호
**펴낸곳** 주식회사 바른북스

**편집진행** 김재영
**디자인** 양헌경

**등록** 2019년 4월 3일 제2019-000040호
**주소** 서울시 성동구 연무장5길 9-16, 301호 (성수동2가, 블루스톤타워)
**대표전화** 070-7857-9719 | **경영지원** 02-3409-9719 | **팩스** 070-7610-9820

•바른북스는 여러분의 다양한 아이디어와 원고 투고를 설레는 마음으로 기다리고 있습니다.

**이메일** barunbooks21@naver.com | **원고투고** barunbooks21@naver.com
**홈페이지** www.barunbooks.com | **공식 블로그** blog.naver.com/barunbooks7
**공식 포스트** post.naver.com/barunbooks7 | **페이스북** facebook.com/barunbooks7

ⓒ 고나현, 공다영, 김경수, 김다은, 김미진, 김승은, 김은희, 김정윤, 김채언, 김혜수, 남유나, 남혁신, 박소연, 박신영, 성보경, 손설, 손수아, 송승리, 신미선, 오다영, 오채림, 오채연, 왕승준, 윤서영, 이승수, 이연수, 이준현, 이지현, 이채우, 이채현, 이현주, 장다원, 전효주, 정원진, 정재희, 정혜원, 최혜만, 2025
ISBN 979-11-7263-426-1 03810

•파본이나 잘못된 책은 구입하신 곳에서 교환해드립니다.
•이 책은 저작권법에 따라 보호를 받는 저작물이므로 무단전재 및 복제를 금지하며,
 이 책 내용의 전부 및 일부를 이용하려면 반드시 저작권자와 도서출판 바른북스의 서면동의를 받아야 합니다.